Dr. Elfrida Müller-Kainz

Die Macht der Konzentration

Die Kraft des Bewußtseins
Die Quelle der Intuition
Der Weg zu Erfolg und Harmonie

Knaur
MensSana

Besuchen Sie uns im Internet:
www.knaur.de

Vollständige Taschenbuchausgabe 2003
Droemersche Verlagsanstalt Th. Knaur Nachf., München

Umschlaggestaltung: ZERO Werbeagentur, München
Umschlagabbildung: Photonica, Hamburg
Satz: Ventura Publisher im Verlag
Druck und Bindung: Nørhaven Paperback A/S
Printed in Denmark
ISBN 3-426-87176-9

2 4 5 3 1

Inhaltsverzeichnis

Vorwort: Der freie Wille 9

Teil I: Die Energie

A. Was ist Energie? 13

Die Naturgesetze 14

– Krankheiten im Sinne der Naturgesetze 14

– Die Zeit 17

B. Die Seele des Menschen (Persönlichkeit)

Der Sinn des Lebens 19

Der freie Wille 20

Regenerationsenergie 21

1. Die Intelligenz –
Zwölf Wege zu ihrer Verbesserung 22

2. Talente 30

3. Die Charaktereigenschaften

– Ehrlichkeit 33

– Mut 36

– Vergeben 44

– Positive Lebenssicht 49

– Zeitnutzung 57

Die Arbeitszeit 58

Streß 64

Freizeit 65

Irrgarten der Erde 66

Beziehungen zu anderen Menschen 69

Freundschaft und geistige Liebe 74

Gesundheit 75

Depressionen meistern 77

Teil II: Die Konzentration

A. Die Vorbedingungen zur Konzentration

1. Denkanstöße und Denkprozesse 88
   - Denkanstöße als Hilfe 88
   - Denkanstöße als Warnung 89
   - Denkanstöße als Belohnung 90
   - Denkanstöße als Versuchung und Prüfung 91
2. Der Wunsch 95
3. Objektivität und Neutralität
   - Sturheit 97
   - Eifersucht 98
   - Negatives Kritisieren 100
   - Intoleranz 102
   - Immer recht haben wollen 104
   - Im Mittelpunkt stehen wollen – gelobt und anerkannt sein wollen 105
   - Mitleid und falsches Pflichtgefühl 107

B. Die Konzentration als tägliche »Seelenhygiene«

Ein idealer Tagesablauf 109
In der ersten Stunde 110
Die Tagesplanung 118
Praktische Durchführung der ersten Stunde 120
Das optimale Gebet 124
Das Loslassen 127
Arten der Wünsche 130
Andere Möglichkeiten der Konzentrationsübung 133

C. Konzentration als Schlüssel zu Freude und Erfolg 137

Nachwort: Die Seele als Macht 157

»Verglichen mit dem,
was wir sein sollten und sein könnten,
sind wir alle nur halb wach.
Nur von einem kleinen Teil
der in uns liegenden Möglichkeiten
machen wir Gebrauch.
Es geht darum, Wachheit zu erreichen
und unsere schlummernden Kräfte
und Fähigkeiten
für unser tägliches Leben
zu erschließen.«
William James

Vorwort: Der freie Wille

Seit Jahrtausenden argumentieren Philosophen und Denker, ob der Mensch einem von außen dirigierten Schicksal unterliege oder ob er durch seinen freien Willen sein Schicksal selbst bestimme.

Eine freie Entfaltung und Entwicklung der Seele jedoch ist nur mit einem *freien Willen* und unabhängig vom Einfluß äußeren »Schicksals« denkbar. Für viele Menschen scheint die Theorie eines von außen gelenkten Schicksals »praktisch« und »bequem« – so kann man die Verantwortung von sich abschieben, anderen oder einer anderen Instanz zuweisen.

Die absolute, freie, unabhängige Willensentscheidung ist jedoch die größte Gnade Gottes für die Menschen – und das kostbarste Geschenk, welches wir dankbar annehmen sollten. Doch erst das genaue Wissen und Erkennen der präzisen Wirksamkeit der Naturgesetze ermöglicht uns, diesen freien Willen und unsere durch ihn bedingte Unabhängigkeit voll zum Einsatz zu bringen. Daher heißt es hier, die Fesseln des Tagtraums, aus dem heraus Zeitverschwendung und einschränkende Abhängigkeit resultieren, abzulegen; **schließlich liegt es an uns,** *unseres Schicksals Schmied zu sein!*

Teil I: Die Energie

A. Was ist Energie?

Das gesamte Universum ist *Energie!* Die Erde als materieller Planet stellt materialisierte Energie dar – daher existieren auf der Erde die gleichen Energiegesetze wie im Universum.
Im Kosmos befinden sich unzählige Schwingungsarten, die sowohl **objektiv** (Naturgesetze) als auch **subjektiv** (Seelen) wirken.

Die ursprünglichen Schwingungsarten bestehen aus objektiven universellen Gesetzmäßigkeiten, die fortwährend verfeinert werden. Dieser Prozeß der Verfeinerung umfaßt das gesamte Universum und wird durch Gott und die ihm nahestehenden, also bereits auf einem hohen Niveau befindlichen Seelen

nur subli-
ch quanti-
tehen, **daß**
cht unbe-
e niemals
em Grund
etzmäßig-
ergie vor-

in bezug
) als auch
auf seelisch-geistige Energie zu entwickeln. **Schließlich trägt jeder einzelne Mensch über sich hinausreichende Verantwortung für die gesamte Menschheit.**

Die Naturgesetze

Es gibt Hunderttausende objektiver Gesetzmäßigkeiten, nicht nur in den Naturwissenschaften, sondern auch im geistig-seelischen Bereich. Alle Ereignisse dieser Welt und im gesamten Universum sind ursächlich begründet und verlaufen gemäß natürlicher und universeller Prinzipien, die alle auf die Beziehung von **Ursache und Wirkung** zurückzuführen sind.
Das heißt im einzelnen, daß jede unserer Handlungen eine Wirkung nach sich zieht. Wenn man negative Handlungsweisen oder Gedanken zur Grundlage seiner Entscheidungen macht, muß man selbstverständlich mit negativen Konsequenzen rechnen. Wenn man dagegen sein Handeln an positiven Richtlinien ausrichtet, darf man auch dementsprechend positive Folgewirkungen erwarten.
Das Schaubild auf der folgenden Seite verdeutlicht, wie die universellen Gesetze ganz von selbst auf unser Verhalten reagieren. So läßt sich ganz allgemein **jede Krankheit** (gleichgültig ob körperlicher oder seelischer Natur) als Wirkung, d. h. **als Warnung oder Hilfe betrachten, um Fehler im Verhalten der betreffenden Persönlichkeit aufzuzeigen.**

Krankheiten im Sinne der Naturgesetze

Krankheiten und allgemeine Probleme beruflicher und familiärer Natur, beispielsweise auch Unfälle, sind immer ein Hinweis, um den Betroffenen vor noch größerem Leid zu bewahren. Daher sollte man allen Schwierigkeiten **ursächlich** auf den Grund gehen, um diese zu verstehen und für die Zukunft zu vermeiden.
Der Sinn der Krankheiten und anderer Probleme liegt in der uns zugedachten Hilfe zur seelischen Höherentwicklung. Des-

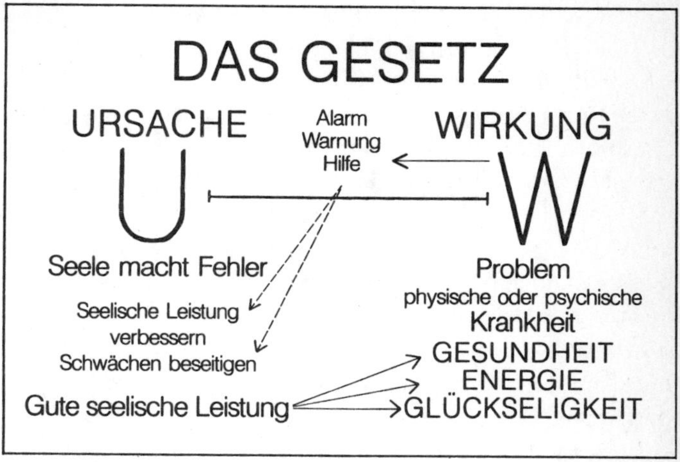

halb sollten wir immer jeweils versuchen, **die Ursachen im seelischen Fehlverhalten ausfindig zu machen.** Der persönliche Einfluß Gottes hingegen äußert sich vor allem in Form von Gefühlen und Denkanstößen, sprich durch die **Intuition.** Hervorzuheben ist dabei, daß jegliche Hilfe objektiv durch die Naturgesetze oder »persönlich« von Gott immer der individuellen Intelligenz der seelischen Entwicklungsstufe jedes einzelnen präzise angepaßt ist. Dies ist ein Ausdruck der Gerechtigkeit Gottes.

Die unzähligen Natur- oder Universalgesetze sind objektiv, können aber in Ausnahmefällen von Gott verändert werden.

Sogar in der heutigen Zeit gibt es viele solcher Gesetzesänderungen, von den Menschen meist als »Wunder« bezeichnet. Aber dieses »Wunder« hat jeweils ein bestimmter Mensch durch seine eigene seelische Leistung verdient. Bisweilen hört man von Unfällen, bei denen sich der Wagen mehrmals über-

schlug und einen Totalschaden erlitt, während der Fahrer **lediglich** Quetschungen und Prellungen davontrug.
In diesem Beispiel galt das **Warnsignal** dem Autofahrer, der durch zu hohe Geschwindigkeit sich und andere in Gefahr brachte. Abgesehen davon wird hier auch die Verantwortung des einzelnen für seine Mitmenschen sichtbar. Ein umfassendes Verantwortungsgefühl, größere Vorsicht und Rücksicht führen aus der Sackgasse der menschlichen Ichbezogenheit heraus zu einem Bewußtsein, das Wohl anderer auch in sein Denken, Fühlen und Handeln einzubeziehen.

Auch die Geschwindigkeit beim Autofahren hat mit Energie zu tun. Bei zu schnellem Fahren muß im Sinne der Naturgesetze zusätzlich Energie investiert werden, um unschuldige Menschen zu schützen. Auf diesen zusätzlichen Energieaufwand seitens der Naturgesetze wird der unbedachte Fahrer in anderer Form, z. B. durch Mißgeschicke, hingewiesen: Beispielsweise nimmt er die falsche Ausfahrt, verfährt sich im Ort oder wird durch verschobene Termine zum Warten gezwungen. Im allgemeinen verliert man für jede zu schnell gefahrene Minute zehnmal mehr Energie, als wenn man energiesparend und dadurch auch umweltschonend gefahren wäre. **Das höchste Ziel, zu dem jede sich höherentwickelnde Seele beiträgt, ist eine ständige Verfeinerung und daher Verbesserung des Universums.** Es gibt darin keinen Stillstand, denn alles ist dauernd in verfeinernder Entwicklung begriffen.

Zu dieser allgemeinen Entwicklung ist eine andere Energieform unbedingt notwendig:

Die Zeit

Für unsere Entwicklung ist die Energieform Zeit eine der wichtigsten Voraussetzungen für das Leben hier auf der Erde. *Zeit als Energie ist begrenzt* – das Leben eines Körpers dauert nur eine bestimmte Anzahl von Jahren. Deshalb gehe ich später noch auf die enorme Bedeutung der optimalen Zeitnutzung ein.

Die höchste Form der Zeitnutzung vollzieht sich in der Konzentration. Konzentration ist der beste Energieerzeuger und daher die absolut einwandfreie Methode, um Problemen vorzubeugen oder sie zu beseitigen. Die Welt ist einem ständigen positiven Entwicklungsprozeß unterworfen. Dies ist so zu verstehen, daß die vorhandene Energie auch durch die **Zeit, die unserer Entwicklung dient, auf ein höheres Niveau gehoben wird**; d. h., Energie wird sowohl qualitativ als auch quantitativ gesteigert.

Bewußt positive Seelen nähern sich dem Zustand der Vollkommenheit – manche befinden sich bereits auf dieser Stufe! Und da eine vollkommene Seele wie ein Generator wirkt, der selbständig Energie »erzeugen« kann, tragen solche vollkommenen Seelen nicht unwesentlich zur Verfeinerung und Vermehrung der Energie im Universum bei.

Eine andere Energieform ist das Geld, das vor allem hier auf der Welt an Bedeutung gewonnen hat.
Positiv ausgerichtete Seelen können auch durch den richtigen Umgang mit Geld lernen, wie alle drei Energieformen

Zeit Geld Lebensenergie

sich nicht nur gegenseitig beeinflussen, sondern auch eng miteinander verflochten sind.
Auf dem Gebiet von Finanzen gelten dieselben präzisen Prinzipien sowohl für den einzelnen wie für Nationen und deren Wirtschaftssysteme. In den letzten Jahren konnten wir beobachten, wie das Schwergewicht der Weltwirtschaft sich von den USA nach und nach auf Europa und Japan verschob. Das steht in Zusammenhang mit den guten seelischen Leistungen der Menschen in den letzten zwei Gebieten.

Energie in allen drei Formen ist die Kraft, die unser Leben bestimmt. Unser Wohlergehen, unsere innere Sicherheit und Geborgenheit hängen vom richtigen Umgang mit diesen fundamentalen Lebensquellen ab.
Die Voraussetzung hierfür stellt eine genaue Kenntnis der Prinzipien und Gesetzmäßigkeiten dar, um uns das Leben auf diesen wichtigen Gebieten (Gesundheit, Erfolg, Freude, finanzielle Sicherheit) zu erleichtern.

Unser Energiehaushalt und damit unsere seelische Weiterentwicklung wird durch das Erkennen und Handhaben der Naturgesetze intensiviert und abgesichert.

B. Die Seele des Menschen (Persönlichkeit)

Die Seele besteht aus einer Vielzahl verschiedener Schwingungsarten, wobei diese als Energiefluß zu verstehen sind.

Die Seele besteht aus drei wesentlichen Schwingungsfrequenzen:

1. Intelligenz
2. Talente
3. Charaktereigenschaften:
   a) Ehrlichkeit
   b) Mut
   c) Vergeben
   d) positive Lebenssicht
   e) Zeitnutzung

Der Sinn des Lebens

Der *Sinn des Lebens* besteht darin, diese drei Schwingungshauptfrequenzen einschließlich der fünf Charaktereigenschaften weiterzuentwickeln und damit dem gesamten Universum zur Entfaltung und Verfeinerung zu verhelfen. Bezogen auf das Leben hier auf der Erde, hilft die seelische Verbesserung jedes einzelnen auch seiner Umwelt, sich zu entfalten.
Weiterentwickeln oder Höherentwickeln bedeutet eine Zunahme der Energie. Je nach Entwicklung einer Seele steht ihr, gemäß ihrer momentanen Leistung, entsprechend Energie zur Verfügung.

Es ist allgemein bekannt, daß die individuelle Lebensenergie nicht unbegrenzt vorhanden ist. Daher ist es wichtig, wie sorgfältig wir mit Energie umgehen! Wir sollten ihr Wirken analysieren und uns dementsprechend verhalten. Das hohe Ziel der Vollkommenheit steht jeder Seele völlig offen, wofür auch ausreichend Zeit vorhanden ist. Jedoch wollen einige aus eigenem freien Willen diesen mühevollen, aber unendlich schönen und lehrreichen Weg nicht auf sich nehmen. Die endgültige Entscheidung, für ewig **mit den Gesetzen des Universums zu kooperieren**, ist daher jeder Seele absolut freigestellt.

Der freie Wille

Alle Seelen wurden mit der wichtigen Funktion des *freien Willens* ausgestattet. Durch diesen freien Willen und die vollkommen freien Entscheidungsmöglichkeiten **hat es jede Seele in ihrer Hand**, gut oder besser zu werden oder nicht. Die entscheidenden Faktoren sind **Fleiß** und **Selbstdisziplin.** Fast alle unsere Entscheidungen lassen sich vornehmlich auf die Selbstdisziplin zurückführen.

Mangelnder Fleiß, ein »Sichgehenlassen«, führt unweigerlich zur seelischen Abwärtsentwicklung. Einen Stillstand gibt es nicht; denn sobald eine Seele aufhört, sich zu bemühen, zieht dies sofort einen Energieentzug nach sich, der in Form von Depression, Mattigkeit, Unfällen, Berufsproblemen oder, allgemein gesprochen, seelischen und körperlichen Krankheiten spürbar wird.

Jedoch zeichnet sich ein stetiges Bemühen um seelische Verbesserungen durch das Zuströmen von Energie aus, die

sich in Lebensfreude und Geborgenheit, was man Glück oder Glückseligkeit nennt, ausdrückt.
Daher sind »Glück« und »Leid« wirklich von uns selbst steuerbar. Wir sind wahrlich selbst am Steuer unseres Lebensschiffes! Es hilft daher niemals, äußere Umstände, die zu unserer zusätzlichen Hilfe und Lebensschulung gedacht sind, für Probleme verantwortlich zu machen. Äußere schwierige Umstände – das können auch für uns schwierige Menschen sein – sind immer als Lernprozeß innerhalb unserer Lebensschule anzusehen. Wenn wir diese Umstände jedoch als Ausrede oder Entschuldigung für unsere Schwächen gebrauchen, dann betrügen wir uns selbst und können dadurch den so notwendigen Lernprozeß nicht erkennen.

Allgemein beschrieben, bringt uns **jede richtige Entscheidung einen Zufluß an Energie, während jede falsche Entscheidung Energieentzug nach sich zieht.**
Eine spezifische Art von Energie ist die

Regenerationsenergie

Jede Seele erhält in der Nacht während des Schlafes Regenerationsenergie, mittels der das Nervensystem (mit dem Gehirn) und die Körperzellen samt allen Funktionen der Organe erneuert werden. Ihr Maß hängt von der jeweiligen Leistung des vergangenen Tages ab; das heißt: Je stärker das Bemühen um eine bessere seelische Leistung war, desto mehr Regenerationsenergie wird im Rahmen der Naturgesetze von Gott verliehen. Wie wir unsere seelischen Leistungen verbessern können, wird in den folgenden Kapiteln dieses Buches beschrieben.

Was ist nun unter seelischer Leistung zu verstehen?

Seelische Leistung, allgemein ausgedrückt, **besteht in dem Bemühen, unsere seelischen Eigenschaften (Intelligenz, Talente und Charaktereigenschaften) zu vervollkommnen.**

1. Die Intelligenz – Zwölf Wege zu ihrer Verbesserung

Als Intelligenz läßt sich die Fähigkeit bezeichnen, komplizierte Zusammenhänge leichter zu analysieren und zu durchschauen, welche aus vielen verschiedenen Komponenten besteht, deren wichtigste die **Intuition** darstellt. Sein Denkvermögen zu verbessern ist deshalb so wichtig, weil man durch höhere Intelligenz die Naturgesetze und die Prüfungen Gottes besser als solche zu erkennen vermag. Trotzdem sind – der Gerechtigkeit halber – die auf uns zukommenden Probleme unserer seelischen Entwicklungsstufe und unserem Intelligenzgrad angemessen.

Vor allem sollten wir es als eine Lebensaufgabe ansehen, unsere Intelligenz zeitlebens auszubauen. Denn es wäre falsch, anzunehmen, daß mit zunehmendem Alter Senilität unumgänglich sei. Vielmehr werten wir im bereits fortgeschrittenen Alter Erfahrungen intensiver aus, wovon unsere Persönlichkeit erheblich profitiert. Einer gesunden Gehirnfunktion und **Intelligenzsteigerung** liegen spezifische **Bedingungen zugrunde:**

a) **Saubere Luft**
Das Leben und Wohnen in möglichst gesunder Umgebung: insbesondere spielt dabei saubere Luft eine nicht zu unter-

schätzende Rolle, da Sauerstoff wesentlich zu einer besseren Gehirnfunktion beiträgt.

b) **Gesunde Ernährung** (siehe Schrift »Vital und jung bleiben«)
Jedes Nahrungsmittel besitzt seine spezifische Strahlung (Elektrizität), deren positive Elektrizität die Funktion des Gehirns fördert.

c) **Positive Neugierde**
Womit das Bemühen gemeint ist, Zusammenhängen, die wir nicht auf Anhieb verstehen können, auf den Grund zu gehen. Dazu bedarf es jedoch des Fleißes und der Selbstdisziplin. So ist es beispielsweise ratsam, an Gott Fragen zu stellen: »Auf welche Ursache läßt sich dieser Vorfall zurückführen?«
Nicht andere, sondern sich selbst fragen, warum wohl ein bestimmtes Geschehnis passiert sei und was es mit uns zu tun haben könnte. Denn wir sind ein Teil unseres Familien- und Freundeskreises; deshalb läßt sich jedes Ereignis als persönlicher Lernprozeß betrachten, der auch für spätere ähnliche Vorkommnisse in unserem eigenen Leben von Nutzen sein kann.

d) **Umwelt**
Sie ist von ausschlaggebender Bedeutung: Diesbezüglich sollten wir uns bisweilen hinterfragen: Welchen Beruf führe ich aus? Bietet er Gelegenheit, mich zu entfalten? Lerne ich gerne etwas dazu? Eine Stelle ausschließlich um des Geldes willen anzunehmen verhindert geradezu Erfüllung im Arbeitsleben.
Unser Beruf sollte – gleich einer Berufung – vornehmlich dazu dienen, unsere Gesamtpersönlichkeit zu fördern. Die

Art und Weise, wie man Geld verdient, entscheidet darüber, ob die Seele Fortschritte macht oder nicht. Fehlt dieser Sinn, fliegt oft das Geld für Unglücksfälle oder andere unerwartete Störprozesse »zum Fenster« hinaus.
Freundschaften, wie überhaupt alle Menschen, mit denen wir Umgang pflegen, spielen hier eine erhebliche Rolle: Sind sie die richtigen, bedeutsamen Gesprächspartner, bei denen ich dazulernen kann?

e) **Weiterbildung**
Man sollte Interesse zeigen an Gebieten, die man nur beiläufig zur Kenntnis nahm, wie vielleicht Finanzwesen, Kunstgeschichte oder Politik. Das Streben nach umfassender Allgemeinbildung trägt wesentlich zu einer Aktivierung der Intelligenz bei.

f) **Konzentration**
Die intensivste Steigerung der Intelligenz erreicht man durch die Bewußtseinserweiterung, ausgelöst durch die tägliche **Konzentration**; dafür ist konsequentes Üben, besonders in der ersten Stunde nach dem Aufstehen, Voraussetzung.
Unser Leben wird um vieles interessanter, dadurch daß wir die Zusammenhänge klarer durchschauen. Bewußtes Denken führt zu höchster Schwingungsenergie, **um Gott näher zu kommen, da ER gleichsam diese hohe Energieschwingung ist!**

g) **Prioritäten erkennen**
Sich jeden Morgen den optimalen Ablauf des Tages wünschen und anhand eines Tagesplans versuchen, alles nach Prioritäten einzuteilen. Was ist momentan am wichtigsten?

h) **Nervensystem schonen**

Wir können keinen klaren Gedanken fassen, wenn wir unser Nervensystem mit überflüssigen Sorgen und Aufregungen belasten. Die Intuition, die einen Großteil der Intelligenz bestimmt, kann nur mit Gelassenheit und Gottvertrauen wahrgenommen werden.

i) **Lebensrhythmus**

Ein den Naturgesetzmäßigkeiten entsprechender **Lebensrhythmus** ist für richtiges Denken ausschlaggebend, da das Nervensystem, insbesondere das Gehirn, hauptsächlich in den Stunden vor Mitternacht regeneriert wird. Es bietet sich daher an, früh, d. h. zwischen 21.30 und 22.00 Uhr, schlafen zu gehen.

Der »Abendmensch« ist nur das Ergebnis unkontrollierter Gewohnheiten, die oft nur mit zunehmender Selbstdisziplin behoben werden können.

j) **Seelische Verbesserung**

Allgemein gesehen bringt **jedes Bemühen um seelische Verbesserung** automatisch auch höhere Intelligenz mit sich, da die Intelligenz als wesentliche Energieform einen Teil der Seele darstellt.

k) **Fleiß und Selbstdisziplin**

Dies sind unerläßliche Talente zur Verbesserung der Intelligenz, denn sie helfen beim Konzentrieren.

l) **Denkanstöße erkennen lernen**

Sie sind so bedeutend, daß sie nicht nur die Gesundheit, sondern manchmal sogar unser Leben retten können.

Denkanstöße sind Gedankenimpulse, die uns häufig »plötzlich« gegeben werden. Wir sagen: »Ich habe eine Idee« oder »Da fällt mir ein ...« Es sind Hilfen von »oben«, die uns an etwas erinnern sollen: »Eigentlich sollte ich einen Schirm mitnehmen.« Im Grunde sind Denkanstöße eine Art **Intuition**, was beispielsweise beim Autofahren lebensrettend sein kann. Hierbei kann man sogar unterschiedliche Varianten von Denkanstößen unterscheiden:
Als sogenannte **Versuchung** bekommen wir beispielsweise die Idee, ein besonders langsam fahrendes Auto zu überholen. Während wir zum Überholen ansetzen, verspüren wir intuitiv: »Nein, doch lieber nicht« – im gleichen Augenblick rast ein vorher unbemerktes Auto an uns vorüber, mit dem wir beim Überholen vermutlich zusammengestoßen wären.

Nicht selten passiert es uns, daß wir einen wichtigen Denkanstoß erhalten, etwa »Morgen spätestens muß dieser Brief weggeschickt werden, damit er noch rechtzeitig ankommt«, den wir gleich notieren sollten. Denn Denkanstöße kosten die Naturgesetze Energie, die nicht verschwendet werden darf. Man soll sich nicht darauf verlassen, denselben **Einfall** noch einmal zu erhalten. Legen wir es doch auf eine Wiederholung an, dann wird uns die dafür eingesetzte Energie abgezogen. Falls wir häufiger diese Gedankenimpulse unbeachtet lassen, verlieren wir nach und nach die Fähigkeit, sie überhaupt als solche wahrzunehmen. Daher sollten wir sie umgehend ausführen und nicht warten lassen!

Andere Denkanstöße können uns in Form von **Mißgeschicken** zustoßen, vor allem, wenn wir nicht konzentriert genug sind. Beispielsweise rutschen wir beim Duschen auf der Seife aus. Ein Zeichen dafür, daß wir im Moment Tagträumereien nachhingen, was mit einem Beinbruch hätte ausgehen können.

Dinge, die wir zu tun vergessen, signalisieren mangelndes Konzentrationsvermögen. Mit wachsender Konzentration erhalten wir gewissermaßen als Belohnung im passenden Moment einen Denkanstoß zur Erinnerung.
Von den vielen Denkanstößen, die wir täglich erhalten – mindestens 120 pro Tag –, erkennen wir bestenfalls 20% bewußt. Deshalb ist die Lebensschule für viele Menschen so schwierig zu erkennen und zu durchschauen. Die Ausführung eines Denkanstoßes geschieht noch seltener; sie wird meistens durch Bequemlichkeit verhindert.

Ein energiesparender Denkanstoß könnte beispielsweise folgender sein: Wir sitzen bequem in einem großen Sessel, in ein Buch vertieft. Plötzlich kommt ein Denkanstoß, vielleicht in Form eines Lichtschimmers: Vergaßen wir das Licht im Badezimmer abzudrehen? Steht man nicht sofort auf, um das Licht auszuschalten, schwächt sich dieser Impuls zusehends ab. Außer der höheren Elektrizitätsrechnung kostet uns die Ablehnung des Impulses zusätzlich Energie und wird uns – oft auch in Form von Geld – abgezogen. Dieses **Sofort-etwas-Machen** und **Nichtverschieben** gehört zu den nicht zu unterschätzenden Übungen in Selbstdisziplin und Fleiß.
Eine sensible Wahrnehmungsfähigkeit bezüglich Denkanstößen erreicht man hauptsächlich durch die später eingehend beschriebenen Konzentrationsübungen.

Eine andere gute Übung zum Erkennen der Denkanstöße wäre das Kofferpacken. Es braucht allerdings Geduld, um »lockerzulassen« und zu warten, was einem einfällt: »Ah ja, die Hausschuhe« oder »Richtig, die Jacke noch« usw. (Weitere Beispiele für Denkanstöße finden Sie im Kapitel »Vorbedingungen zur Konzentration« auf Seite 88.)

Im Tagtraum zu leben und dadurch Zeit zu verschwenden ist nicht nur entwicklungshemmend, sondern lähmt auch die Intelligenz. Auf diese Weise bleibt einem die Lebensschulung verborgen, und man bemerkt nicht, wie man in an sich vermeidbare Fehler »hineinschlittert«. Hier liegt auch der Schlüssel zur Einsicht, daß wir selbst unser Schicksal sind und alles, was uns passiert, in der eigenen Hand halten. Seien wir uns stets der Tatsache gewahr: **Was immer in Beziehung zu Lernprozessen steht, erzeugt Energie.** Durch das Erkennen von Fehlern und das Vermeiden ihrer Wiederholung sparen wir gewissermaßen dem Universum Energie. Wer sich Lernprozessen entgegenstellt, muß mit Energieentzug rechnen.
Diese Erkenntnis bezieht sich auf jegliches »Helfenwollen« gegenüber Kindern, Freunden beziehungsweise Partnern, denen wir mit unserer – zwar gutgemeinten – »Hilfe« die Lebensschule und dadurch Lernprozesse vorenthalten. Auch in einem solchen Fall wird Energie dem »Helfenden« entzogen, da er die für den »Unterricht« gedachte Energie nicht zur Wirkung kommen ließ. Auf dieses **Helfersyndrom** gehen wir später noch ausführlicher ein – denn es bewirkt am häufigsten Störungen im harmonischen Ablauf des Universums.

Unter den Denkanstößen befinden sich auch bestimmte Prüfungen in Form von **Versuchungen.** Wenn jemand die Schwäche hat, sich leicht Sorgen zu machen, kommen oft viele **Sorgen-Denkanstöße**, die uns ja alle geläufig sind: »Wenn der Zug Verspätung hat, verpasse ich den Anschlußzug.« Auf diese Weise könnte man sich eine ganze Reise verpatzen. »Schaffe ich die Arbeit, die mir mein Chef heute gab?« Diese Sorgenbeimischung behindert die für die Arbeit nötige Konzentration; man verliert Arbeitsenergie, da Sorgen ihre eigene Energie erfordern. Dadurch führen Sorgen sehr oft eine »selffulfilling prophecy« herbei, weil die fehlende

Arbeitsenergie durch Sorgenenergie ersetzt wird, die das Ergebnis in ebendieses Negative rückt, das befürchtet wurde.
Besonders während der Konzentrationsübung in der ersten Stunde des Tages werden wir geprüft, ob wir uns von einem Sorgen-Denkanstoß fangen lassen. Wer stundenlang mit Sorgengedanken herumgeht, die ja unablässig Energie entziehen, manövriert sich selbst in die Depression. Ein natürlich Reagierender kann diese Sorgen-Denkanstöße sofort wegstoßen und sie mit positiven Gedanken und durch Gottvertrauen ersetzen; das ist für ihn eine Übung des Selbstvertrauens. Denn wer solche Prüfungen und Versuchungen bewußt wahrnimmt und ihnen mit Gottvertrauen entgegentritt, vermehrt durch die positiven Konsequenzen sein Selbstvertrauen – und umgekehrt. Nach entsprechender Einübung werden Gottvertrauen und Selbstvertrauen in fast gleichem Verhältnis zueinander stehen.

Auch Denkanstöße, die reine Versuchungen sind, bearbeiten wir am besten bewußt. Ein Beispiel: »Heute bin ich so matt – ich brauche ausnahmsweise noch einen Kaffee!« Dieser Kaffee, wenn man darauf hereinfällt, scheint momentan zu helfen und Energie zu spenden. Illusion! Da diese Energie eine Art von negativer Elektrizität enthält, wird der Person aufgrund der Universalgesetze letztendlich Energie entzogen. Bei Wiederholungen kann dies, wenn es nicht schon der Fall ist, zu einer physischen und psychischen Abhängigkeit führen.
Durch den Kaffee werden die Magen- und Darmbakterien abgetötet und das gesamte Nervensystem, insbesondere die Gehirnfunktion, gestört. Widerstehe ich jedoch der Versuchung, erwerbe ich mir – gewissermaßen als Belohnung – Extra-Energie, die sofort den gesamten Organismus belebt und stärkt.
Statt Kaffee bietet sich zur Aufmunterung ein Rosmarintee an

oder, falls möglich, ein kurzer Spaziergang an der frischen Luft.

Die Intelligenz, besonders deren stärkste Triebkraft, die Konzentration, wirkt wie ein Zündfunke. Diese Zündung, je stärker und effektiver sie ist, erleichtert es uns, die richtigen Denkprozesse in Schwung zu bringen. Auch hier ist wieder Fleiß im Spiel. Will ich die Denkanstöße bis zum Ende bearbeiten? Beispielsweise: Man rutscht beim Heraussteigen aus der Badewanne auf den nassen Kacheln aus. Das Zu-Ende-Denken dieses Denkanstoßes sähe so aus, umgehend dafür zu sorgen, daß ein **Badeteppich vor die Badewanne** gelegt wird! Das Nichtbefolgen solcher Denkanstöße läßt auf die Dauer diese Impulse immer schwächer werden, was die allgemeine Intuition vermindert; dies führt zu Intelligenzeinbußen. Auch hier sehen wir, daß wir unser Schicksal in der eigenen Hand halten. Jedem Menschen ist es möglich, seine Intelligenz täglich zu steigern!

2. Talente

Es gibt viele verschiedenartige Talente. Auch sie erfahren wir durch die spezifischen Schwingungen ihrer Energie. Je stärker das Bestreben einer Seele ist, sich vielseitig zu betätigen, desto mehr Hilfe in Form von Energie erhält sie. Auch profitieren die anderen Eigenschaften der Seele, so Intelligenz und Charaktereigenschaften. Die individuellen Talente fächern sich in sprachliche, künstlerische, pädagogische, politische, organisatorische, technische und viele andere mehr. Sehr häufig stehen Talente in Beziehung zu Charaktereigenschaften, und so ergeben sich – je nach ihrer Einschätzung – positive oder negative Talente.

Eines der wichtigsten und vielleicht bestimmendsten Talente überhaupt stellt die **Selbstdisziplin** dar. Besonders meine letzten Forschungsjahre führten mich zu der Erkenntnis, daß es Seelen, die sich nicht um seelische Verbesserung bemühen, hauptsächlich an Selbstdisziplin fehlt. Schon wenn wir uns gehenlassen oder das Notwendige nur auf morgen verschieben, verletzen wir die Schwingungsenergie unserer Selbstdisziplin. Jedoch sollte das nicht mit der selbstverständlich notwendigen Entspannung verwechselt werden.

Der Unterschied zwischen »sich nicht gehenlassen« und »entspannen« sieht etwa so aus: Wenn man eine wichtige Aufgabe durchführen oder eine Entscheidung treffen will, setzt man konzentriert Energie in Form von Sortieren, Überprüfen, Studieren und Abwägen ein und läßt nicht locker, bis man es geschafft hat. Das führt gewöhnlich auch zu richtigen Entscheidungen.

Eine Entspannung ist diejenige Phase, die einer bereits erledigten Aufgabe oder dem Finden einer wichtigen Entscheidung nachfolgt. Die erforderliche Anspannung (Konzentration) bedeutet Selbstdisziplin zum Erreichen eines Ziels, demnach ist die Entspannung dem Loslassen der vollendeten Aufgabe gleichzusetzen. Beide stellen energiefördernde Phasen mit Wechselwirkung dar. Im Talent der Selbstdisziplin besteht der Schlüssel zu allem, so auch zum Üben und Ausüben von Konzentration, was ich später anhand von Beispielen noch erläutere.

Auf diesem Gebiet erfahre ich als Prüfung:

- ob ich schnell aufgebe, weil es zu schwierig erscheint,
- ob ich mir denke: daß alles besser läuft, wenn ich mich darum bemühe.

Dies hat auch mit **tapferem Durchhaltevermögen** zu tun. Selbstdisziplin bedeutet also: Jetzt, im Heute und Hier, an diesem Platz, sich dem Problem zu stellen und zu tun, was uns notwendig erscheint. Als Folge erfahren wir einen enormen Energieschub, der eine Art positive Kettenreaktion auslöst, wonach jeder weitere Disziplinaufwand immer leichter fällt. Aber umgekehrt: Je mehr man sich gehenläßt, desto schwerer gelingt es, zu richtigen Entscheidungen und Handlungen zu finden. **Verschieben** ohne zwingenden Grund stellt den Tod der Selbstdisziplin dar und ist eine nicht unerhebliche Störung für die Seele. Verschieben bringt viel Energieentzug durch Unlustgefühle (auch mangelnde Energie), eine wichtige Aufgabe ordentlich durchzuführen. Bestenfalls kommt es dann zu einer nachlässigen Durchführung, was sowohl dem Talent Ordnung als auch der Charaktereigenschaft Ehrlichkeit schadet. Hier ist zu erkennen, wie eng Intelligenz, Talente und Charaktereigenschaften verflochten sind und einander verstärken oder abschwächen können.

Allgemein sollte eine nach Höherentwicklung strebende Seele stets versuchen, Interesse an neuen Gebieten und Talenten zu entwickeln. So empfiehlt es sich, gerade diejenigen Bereiche zu erforschen oder zu studieren – auch in der Freizeit –, über die man noch nicht genügend Bescheid weiß.

Daher sollten Frauen sich beispielsweise mehr über Finanzen, Politik und Wirtschaft informieren, wohingegen Männer mehr über gesundes Kochen, Kindererziehung und schönere Wohnkultur erfahren sollten.

Eine der Vollkommenheit zustrebende Seele sollte also ein immer vielseitigeres, umfangreicheres Wissen erreichen – das fördert die Anzahl und Intensität verschiedener Talente. Eine allgemein und kulturell gebildete Persönlichkeit zu werden ist ein Lebensziel, das Freude durch intensiveres Erleben nach sich zieht. Eine Vielzahl positiver und negativer Talente ist eng mit den Energieformen der

verbunden.
So haben die **Talente Ordnung und Pünktlichkeit** mit

Ehrlichkeit

zu tun. Zu dem Begriffspaar Ordnung/Ehrlichkeit gehört auch die Art und Weise, wie man mit dem Besitztum anderer Menschen umgeht. Ist man achtsam oder nachlässig? Prinzipiell sollte man mit dem Eigentum anderer genauso vorsichtig umgehen wie mit dem eigenen. Wohnt man bei jemandem als Gast, sollte man ebenso vorsichtig und sparsam sein wie zu Hause. Sogar in einem Hotel sollte man Beleuchtung und Heizung abdrehen, die man nicht mehr benötigt.
Ehrlichkeit versinnbildlicht die Säule aller Charaktereigenschaften. Daher sollten wir jede Art von Unaufrichtigkeit unterlassen, was sich auch auf sogenannte Notlügen bezieht. Denn es gibt kaum wirklich eine »Not«, in der man die Unwahrheit sagen müßte. Hier steht unsere Intelligenz im Prüffeld und oft auch unsere Diplomatie, wie wir die Wahrheit sagen können, ohne den anderen zu verletzen. Selbst im Geschäftsleben, wo viele meinen, »mit den Wölfen heulen zu müssen«, stellen sich vermehrt finanzielle Erfolge durch Ehrlichkeit ein. Viele Konkurse lassen sich auf unehrliche Praktiken zurückführen. Beispielsweise auf dem Gebiet der Werbung ist es fair, sich auf sein eigenes Produkt zu beschränken, ohne es mit anderen zu vergleichen. Auch bei Betätigung des Computers gibt es Ehrlichkeitsprüfungen: Habe ich für eine Software bezahlt oder mir von einem Freund in meinen Computer eine »Raubkopie« einprogrammieren lassen? Die gewöhnlich schwersten Prüfungen in Ehrlichkeit stehen sicher immer in Zusammenhang mit Finanzen. So sollten

wir niemals denken: »Ach, wegen der paar Mark will ich keine großen Wellen schlagen.« Hier ist zu beachten, daß ja **alles im Leben eine Prüfung darstellt!** Die Höhe der Summe spielt dabei eine nebensächliche Rolle.
Zur Veranschaulichung: Eine Freundin fuhr die kurze Strecke zwischen Augsburg und München und hatte keine Zeit mehr, die Karte am Schalter zu lösen. Während der Fahrt kontrollierte auch kein Schaffner. Nun bestehen drei Möglichkeiten, von denen zwei als richtig anzusehen sind:

1. Gar nicht bezahlen und das Nichterscheinen des Schaffners als Verstandesargument verwenden.
2. Den Schaffner suchen und bei ihm bezahlen.
3. Im nachhinein zum Schalter in München gehen und die Fahrt bezahlen.

In diesem Fall stellen die optimalen Lösungen die zweite und die dritte Variante dar. Aufgrund des Umstandes, daß seelische Ehrlichkeit eine spezifische Kraft und Ausstrahlung nach sich zieht, »macht sie sich bezahlt«! Denn nach einer **nicht** bestandenen Ehrlichkeitsprüfung, beispielsweise bezüglich Finanzen, verliert man den dreifachen Betrag – auf verschiedenste Art. (Diese Tatsache ist schon mehrfach bestätigt worden.)

Ganz wichtig ist die **Ehrlichkeit zu sich selbst:** Wir können uns nur dann kennenlernen, wenn wir den Mut haben, ehrlich zuzugeben, was bei uns noch im argen liegt. »Schuld-auf-andere-Schieben« oder »faule« Ausreden – »der Föhn ist schuld an meiner schlechten Verfassung« – helfen uns nicht weiter. Durch den Spiegelbildeffekt sind die Probleme, die uns mit anderen in Konflikt geraten lassen, immer auf uns selbst zurückzuführen. Der Föhn zeigt uns nur an, daß diese

»Wetterfühligkeit« mit irgendeiner Schwäche – etwa, sich nicht richtig zu ernähren oder Suchtmittel zu gebrauchen – zusammenhängt. Alles, was wir als Störung empfinden – auch durch andere Menschen, Ereignisse, Unfälle –, steht ausnahmslos mit uns selbst in Beziehung und ist als *Hilfe* für unsere seelische Entwicklung gedacht. Da wir die eigenen Schwächen kaum erkennen, erhalten wir entsprechende Signale durch das Spiegelbild der anderen als wichtige Denkanstöße – allerdings auch nur die bewußt Schauenden unter uns. Auch hierfür ist das tägliche Üben der Konzentration unerläßlich. Konzentrierter und bewußter nehmen wir das Leben und die Ereignisse in unsere Hand, unter die eigene Kontrolle, und erleben uns **nicht mehr als Spielball eines unkontrollierbaren Schicksals!**

Mangelnde Ehrlichkeit führt sogar zu verschiedenen Krankheiten in fast allen Teilen des menschlichen Organismus, da die Wahrheitsliebe als die fundamentalste Charaktereigenschaft anzusehen ist. Auch Störungen in zwischenmenschlichen Beziehungen sind häufig auf mangelnde Ehrlichkeit und Offenheit zurückzuführen.

Da Ehrlichkeit **Verantwortungsbewußtsein** bedingt, kann eine Schwäche darin zu beruflichen Problemen bis zur Arbeitslosigkeit führen. Dagegen zeugt es von aufrichtigem Verantwortungsbewußtsein, in jeder Arbeitsposition **so zu arbeiten, als ob die Firma einem selbst gehören würde!** Deshalb kann man natürlich das oft übliche »Krankfeiern«, also sich an der Arbeitsstelle krank zu melden, obwohl man nicht krank ist, als eines der schlimmsten Vergehen in bezug auf Ehrlichkeit ansehen.

Wie schon erwähnt, entstehen Probleme bei mangelnder Ehrlichkeit besonders im Umgang mit Geld und Finanzen. Die Prüfungen sind ziemlich schwer, wenn man bedenkt, daß man jede unehrlich erworbene, auch geringfügige Summe in irgendeiner Form dreimal wieder hergeben muß. So verlor beispielsweise jemand, der sein Einkommen falsch angab, den mehrfachen Betrag an der Börse. Der finanzielle Verlust ist deshalb meist so hoch, weil Ehrlichkeit sich als die grundlegendste Charaktereigenschaft bezeichnen läßt. Nur durch tägliches Üben der Konzentration und durch das daraus resultierende Bewußterwerden befähigen wir uns, solche Ehrlichkeitsprüfungen bewußt zu erkennen.

Mut

Die Charaktereigenschaft des Mutes kann in zwei Bereiche aufgeteilt werden:

1. **»Ja« zu sagen** zu schwierigen Situationen, auch gegen die Meinung anderer,
2. **»Nein« zu sagen**, wenn *»Nein«* angebracht ist.

Zu 1.:

Viele Entscheidungen im Leben stellen eine Herausforderung dar, die uns zu großem seelischen Wachstum verhilft, wenn wir sie tapfer annehmen. Wir können durch wirklichen Fleiß in eine schwierige Aufgabe hineinwachsen, wobei das »Nicht-schnell-Aufgeben« eine wichtige Hürde auf dem Weg dahin darstellt. Oft werden Frauen oder Männern höhere Positionen angeboten, die ihnen im ersten Moment Angst einjagen. Was ist das für eine Angst? Vor Verantwortung? Vor Überlastung? Vor dem Versagen? Wir sollten uns doch vor Augen führen, daß wir seelisch nur wachsen können, wenn wir eine Arbeit durchführen, die unsere ganzen Kräfte beansprucht – ich meine damit geistige Kräfte.

Bei einer inzwischen mechanisch ablaufenden Arbeit, die uns in keiner Weise mehr herausfordert, sollte man den

Mut haben, ein neues berufliches Aufgabenfeld zu suchen. Bequemlichkeit verhilft uns nicht zu dauerhaftem persönlichen Wachstum.

Zu diesem Bereich gehört auch der Mut, **»loszulassen«**, das Sichlösen aus Situationen, die uns seelisch schaden. Solche Situationen können durch eine falsche Arbeitsstelle oder familiäre Umstände entstanden sein. Wir sollten von Eltern, erwachsenen Kindern oder falschen Partnern loslassen, um uns in der seelischen Entwicklung nicht gegenseitig zu behindern. Häufig ist dieses Loslassen scheinbar mit einer finanziellen Gefahr verbunden – doch nur deshalb, weil nicht selten eine unbegründete Befürchtung existiert.
Wenn wir nämlich den Mut aufbringen, das Richtige zu tun und falsche Tätigkeiten oder falsche persönliche Beziehungen loszulassen, dann dürfen wir den Naturgesetzen gemäß niemals in Problemen landen.

Zu 2.:
Der zweite Teil der Mutprüfung bezieht sich auf das *»Nein«*, das uns die Vernunft gebietet. Auch hier ist unsere Selbstdisziplin angesprochen, beispielsweise bei Nahrungs- und Genußmitteln, die unsere Entwicklung stören, oder bei Gewohnheiten, die mit psychischem Stillstand gleichzusetzen sind. Kennen Sie die Redewendungen »Ich muß noch hie und da eine Zigarette rauchen« oder »Ich muß täglich eine Tafel Schokolade essen« und ähnliche? Dieses »muß« zeugt von einer Abhängigkeit, die man im Fall von Zigaretten, Alkohol und anderen Drogen selbstverständlich zu den Süchten zählt.
Auch jemand zuliebe etwas zu essen oder zu tun, weil man glaubt, sonst diesen Jemand zu beleidigen, ist als eine falsche Denkart einzustufen. Wenn wir nämlich etwas nicht essen oder tun sollen, dann ändert dieses »einem anderen zuliebe«

nichts an dem Schaden, den wir uns selbst, aber auch dem anderen zufügen. Denn jeder von uns ist eine Art Vorbild, und durch die Schwäche, nicht »nein« sagen zu können, wird es auch dem anderen erschwert, die richtige Entscheidung zu treffen. Hier ist es wichtig, zu verstehen, **daß wir niemals jemandem schaden können, wenn wir das Richtige tun**! Die zusätzliche Energie, die uns als Belohnung zufließt, kommt immer auch jedem Menschen in unserer Umgebung zugute. Da die positive Schwingungsart verfeinerte Energie bewirkt, steigert sich jene Ausstrahlung, die speziell positive Menschen auszeichnet.

Es ist ein positives Talent, wenn man die **richtige Vorsicht** ohne Angst walten läßt. Treppen und steile Pfade sollten wir konzentriert steigen; und es stellt eine positive Mutart dar, wenn wir zu Unternehmungen »nein« sagen, die in lebensgefährliche »Klettertouren« ausarten könnten. Die **Waghalsigkeit** ist als eines der gefährlichsten negativen Talente und **negativen Mutarten** anzusehen, die insbesondere bei jungen Männern auftritt und von ihnen bearbeitet werden sollte. Wer sein Auto oder Motorrad zu schnell fährt, entzieht sich dem Schutz der Naturgesetze. Ein zu schnelles und waghalsiges Fahren kostet gemäß den Naturgesetzen ein hohes Maß an Energie, um die anderen Menschen zu schützen. Dieses Maß wird dem Schnellfahrer in Form von Pannen, Sichverfahren oder gar Unfällen abgezogen. Tödliche Unfälle ereignen sich nie ohne vorhergehende vielfältige Warnungen, die unbeachtet blieben.
Der Energieentzug wird aus universeller Sicht ganz präzise bemessen: So muß der »Schnelle« für jede Minute, die er gewinnt, ein Vielfaches seiner Zeit – auch sie stellt ja eine Energieart dar – verlieren. Vielleicht landet er im Stau, wird gezwungen, einen Schaden zu reparieren, ein Termin wird

verschoben, oder er verirrt sich in einer unbekannten Stadt und kann eine Adresse erst nach langem Suchen finden.

Zu den gefährlichen negativen Talenten im Mutbereich zählt das **Einmischen bzw. das »Aufopfern«**, auch als **»Helfersyndrom«** bezeichnet. Anderen helfen zu wollen – heißt das nicht oft, daß wir uns scheuen, unsere eigenen Probleme zu lösen, unsere eigenen Schwächen zu suchen? Auch in diesem Fall tritt wieder eines der herausragenden Naturgesetze in Aktion: **Was uns an anderen stört, hat mit unseren eigenen Schwächen zu tun!** Also sollte uns dieses Gestörtsein eigentlich dazu auffordern, die entsprechende Schwäche bei uns selbst zu erkennen und zu bearbeiten, **da die Umwelt stets unser Spiegelbild wiedergibt.** Gemäß dem Sprichwort: »Wenn jeder vor seiner Haustüre kehrt, wird die ganze Straße rein.«

Wenn also jeder an sich selbst arbeitet und sich verbessert, dann hilft er den anderen am meisten! Die richtige Hilfe sieht folgendermaßen aus:

1. Ein gutes Vorbild sein.
2. **Dem anderen seine eigene Schule** überlassen; das heißt: Jeder braucht seine eigene Zeit/Energie, um mit einem Problem, einer Krankheit, einem Leid usw. einen Lernprozeß zu durchleben.
3. Durch die positive Ausstrahlung einer Person, die gern an sich arbeitet, wird es den Menschen ihrer Umgebung erleichtert, sich selbst durch diese Energie zu verbessern! Um sich des **falschen Helfens** bewußter zu werden, sind dazu einige Gedanken erforderlich:
   a. »Helfen«, ohne darum gebeten zu werden, ist fast immer falsch; Ratschläge, die nicht erbeten werden, sind Schläge!

b. Das Leben ist eine Schule, die man anderen weder aufzwingen noch abnehmen sollte. Ein Lernprozeß stellt wirklich die optimale Schule dar, weil er eine **Selbsterfahrung** ist.
Nur das Selbsterlebte gelangt in unseren eigenen Speicher.
c. Der »Seelenboden« dessen, dem wir helfen wollen, muß erst durch seine eigenen Erkenntnisse als Saat für weiteres Wachstum vorbereitet werden; Gott arbeitet mit den Seelen durch das **Hilf-dir-selbst-dann-hilft-dir-Gott-Prinzip.** Danach stellt eines der höchsten Ziele für eine sich entwickelnde Seele die **Selbständigkeit** dar! An sich sollten wir uns meist selbst zurechtfinden. Erst dadurch werden wir wirklich fähig, einer anderen Person zu helfen, falls diese zusätzlicher Hilfe bedarf.
d. Falsche, unzeitgemäße oder ungefragte Hilfe ist eine Art **negativer Kritik** – die vierte Charaktereigenschaft – und schadet beiden. Der Kritisierte reagiert mit abwehrender Bockigkeit oder Sturheit, was ihm Energie entzieht. Doch auch dem unzeitgerechten und daher falschen »Helfer« wird Energie abgezogen, häufig in der Weise, daß ein anderer ihm ebenfalls unangebracht »hilft«.
e. Häufig sind Fehler oder Störungen seitens anderer Menschen **Prüfungen in Toleranz und Selbstdisziplin,** nämlich sich zurückzuhalten, **nichts** zu sagen, nur zu denken: Was hat diese Störung wohl mit *mir* zu tun?
f. Wenn jemand aus einem oder vielen der obigen Gründe eigentlich nichts sagen sollte und doch etwas sagt, erwischt er immer die falschen Argumente. Da der unnötige Einsatz, anderen zu »helfen«, nicht die Unterstützung durch die Naturgesetze erfährt, wird die Person zum Sprachrohr unbrauchbarer Argumente und stört

somit möglicherweise die Weiterentwicklung des Gegenübers.

g. Schließlich können wir niemals genau wissen, auf welcher **Entwicklungsstufe** der andere steht, d. h., was er oder sie momentan bearbeiten muß. Sogar einem Einstein fällt es wahrscheinlich schwer, Kindern in der ersten Klasse Volksschule zu helfen, da er kaum noch in der Lage ist, sich auf diese Anfangsprobleme einzustellen. Jeder Mensch hier auf der Erde hält sich sozusagen in einer bestimmten »Schulklasse« auf, in der er die nur ihm bestimmten Aufgaben oder Prüfungen durchmachen muß, um zu reifen. Daher kann und darf niemand ihm diese Prüfungen abnehmen.

Die herausragendste Hilfe für andere ist das gelebte Vorbild. Wenn wir uns selbst verbessern, helfen wir anderen schon deshalb, weil sich infolge unseres Bemühens unsere seelischen Schwingungen verfeinern und auch zum anderen positiv hinstrahlen. Öffnet man sich dem »Strahler« gegenüber, erfährt man dadurch eine Aufladung und somit eine **echte** Hilfe aus der Freundschaftsbeziehung.
Hier wird der starke Einfluß des richtigen Energieaustausches zwischen Menschen deutlich. Es ist daher von größter Wichtigkeit, mit Partnern und Freunden **wählerisch zu sein.** Die positiven oder negativen Schwingungen der Energie einer Person bauen entweder den anderen mit auf, oder sie treiben ihn noch tiefer in seine Schwächen. Erkennen Sie die große Verantwortung, die wir alle füreinander tragen?
Sich selbst zu verbessern und dadurch dem anderen zu helfen ist nicht nur der sicherste, sondern auch der wirkungsvollste, wenn auch beschwerlichste Weg.
Es ist natürlich viel bequemer, anderen zu sagen, was sie besser machen könnten, als bei sich selbst praktisch zu be-

ginnen. Warum wir bei anderen um so viel leichter erkennen können, was sie falsch machen, liegt daran, daß sie als **Spiegelbild der eigenen Schwächen** ganz spezifisch auf uns wirken.

Diese Prinzipien sind auf dem Gebiet der **Kindererziehung deutlich nachvollziehbar. Kinder unter zwölf Jahren spiegeln in allen Bereichen die Eltern. Deshalb sollten diese sich zuerst fragen: »Was hat das mit mir zu tun?«**, wenn ein Kind gestört oder krank ist oder mit irgendwelchen anderen Problemen zu kämpfen hat. Energie ist falsch eingesetzt, wenn Kinder beschimpft oder gar geschlagen werden. Richtiger Energieeinsatz bedeutet: Konsequent und diszipliniert und mit liebevollen Erklärungen auf richtigen Verhaltensweisen bestehen. Kinder »versuchen« die Eltern und Betreuer mit allen Mitteln, oft sehr raffiniert, um beispielsweise nicht pünktlich um 20 Uhr ins Bett gehen zu müssen. Die Eltern werden darin geprüft, ob sie es durchgehen lassen oder nicht. Das Nachgeben ist ein typisches Merkmal mangelnder eigener Selbstdisziplin und nicht ausreichender Konsequenz.

Wenn wir im Sinne unserer Entwicklung das Richtige tun, erhalten wir eine Belohnung in Form von Energie: Wir fühlen uns erleichtert, glücklich und in Harmonie mit den Naturgesetzen. Die gesteigerte Energie geht als zusätzliche Belohnung auch auf den anderen über. Diese Art Mut ist also eine andere Form von Selbstlosigkeit. Will ich ein bestimmtes Vorhaben – zum Beispiel den Besuch eines Spielkasinos – nicht mitmachen, weil ich es für Zeit-, Energie- und Geldverschwendung halte, dann bekomme ich als Belohnung Energie, von der der andere ebenfalls profitiert. **Der andere hat es dann leichter**, auch zu der Erkenntnis zu gelangen, daß Spielkasinos Zeitverschwendung sind, weil man nur durch eigene Arbeit, d. h. durch eigenen Energieaufwand, Geld verdienen darf. Gewinnen wir Geld im Spiel, wird einem diese Summe auf andere Weise vielfach abgezogen.

Es hat also nichts mit Selbstlosigkeit zu tun, anderen zu »helfen«, indem man ihnen Prüfungen, die zu Selbsterkenntnis und Selbsterfahrung führen, abnimmt. Oft müssen Erwachsene und Kinder eine Periode von Problemen – und sei es »nur« ein gebrochener Fuß – durchmachen, um aus diesen bestimmten Erfahrungen zu lernen. **Erlebte Lernprozesse sind wirksam und von bleibendem Nutzen**; wenn sie uns abgenommen werden, tauchen diese wichtigen Prüfungen später erschwert und verstärkt erneut wieder auf. Zur Veranschaulichung mögen Hausaufgaben für die Schule dienen, die letztendlich doch von den Kindern selbst erledigt werden müssen.

Mangelnder Mut bringt viele Probleme und **Krankheiten** mit sich, vor allem

a) Magen- und/oder Darmprobleme,
b) Rücken- oder Hüftprobleme (Sprichwort: »Jemand hat kein Rückgrat«),
c) Depressionen,
d) Süchte (besonders Alkohol beispielsweise als Flucht vor der Realität),
e) Asthma,
f) Hautprobleme und Allergien.

Ein Beispiel: Ein Patient, der Angst hatte, wollte lernen, mutiger zu werden, sich durchzusetzen, Herausforderungen anzunehmen und vor allem »nein« zu sagen, wenn ein »Nein«

angebracht ist. Als es nicht gleich gelang, fing er an zu trinken, weil er sich im berauschten Zustand mutiger fühlte. Er geriet »vom Regen in die Traufe«, da man eine Charakterschwäche mit keiner Droge, seien es Medikamente, Alkohol, Nikotin oder Rauschgift, erfolgreich überwinden kann – schließlich betäuben diese nur die Angst. Im Zustand einer Betäubung jedoch ist niemand in der Lage, bewußt an sich zu arbeiten.

Also: Nur bewußt und konzentriert erlangen wir die erforderliche Energie, um eine Schwäche mit Erfolg zu bearbeiten.

In der dritten Charaktereigenschaft

Vergeben

finden wir viele positive und negative Talente: Ärger, beleidigt sein, Vergeltung ausüben. **Geduld** und Ungeduld sind leicht zu erkennen. Geduld steht in enger Verbindung mit Demut. Alltäglich begegnen uns Situationen: warten können, bis wir an der Reihe sind, uns zurücknehmen. Dabei handelt es sich um Selbstlosigkeit, sein kleines »Ich« nicht in den Vordergrund zu schieben.

Höflichkeit ist eine Art von Geduld und ein wunderbares Talent, welches oft ganze Völker, die diese Eigenschaft besitzen, liebenswerter erscheinen läßt. Höflichkeit und Geduld hängen ja mit der Achtung des anderen Menschen zusammen. »Der andere darf und soll Vorrang haben« heißt meine Entscheidung, die mir letztlich Großmut bescheinigt (die Verbindung von Großzügigkeit und Mut), die auf der weisen Einsicht beruht: »Er hat zwar Fehler – aber sie sind nicht mein Problem, und ich bin ja auch nicht fehlerlos.« Auch hierbei hat das wichtige Talent der Selbstdisziplin die Hand im Spiel. Geduldig sein heißt auch diszipliniert sein.

Ungeduld hat schon viele Leben gekostet. Denken wir nur an das Autofahren! Wie oft stellt sich uns die Frage, ob ich beim Überholen warten kann. Oder kann ich warten, eine Entscheidung zu treffen? Beim Treffen von Entscheidungen ist das geduldige Überprüfen, das Abwarten unserer Gefühle als Hinweis und Entscheidungshilfe von ausnehmender Bedeutung. »Schnell gefreit, bald bereut« besagt ein Sprichwort. Insbesondere bei Schlüsselentscheidungen – Ehe und Beruf – ist es unerläßlich, warten zu können. Warnsignale – es könnte ein Unfall vor der Hochzeit sein, die dann verschoben werden muß, oder ein intuitives Gefühl, das uns warnt – müssen wir zur Kenntnis nehmen. Geduld zu zeigen ist ein Energieeinsatz, der als belohnende Energie in Form von Denk- oder Gefühlssignalen zu uns zurückkommt. Schnelle Schritte, impulsive Handlungen zeigen eine Art Unreife – man will wie ein Kind sofort etwas haben. Der reife Mensch hingegen weiß, daß nur die Zeit = Energie, die er bewußt einsetzt, Früchte bringt. Alles braucht seine ihm eigene Reifezeit. Sollte es bei den Schlüsselentscheidungen in unserem Leben anders sein?

Ein weiteres bedeutendes Talent als Eigenschaft ist das **Loslassen.** Besitzenwollen, Abhängigkeit und Eifersucht stehen damit im Zusammenhang. Aus Erfahrung wissen wir, wieviel Kummer diese negativen Eigenschaften uns schaffen können! Das, was wir ganz besitzen oder beherrschen wollen, müssen wir letztendlich verlieren. Denn eines der vorrangigsten Ziele für unsere Höherentwicklung ist es, **frei zu werden von jeglicher Abhängigkeit.** Viele Dinge und oft auch Menschen, von denen wir uns einreden, sie unbedingt zu brauchen, schaffen uns Abhängigkeiten und damit Einschränkungen. Sicher, wir brauchen gute Freunde und Partner – jedoch Freundschaft und echte geistig verstandene Liebe beinhalten ja die Freiheit des anderen, ihn frei bleiben zu lassen in jeder

Beziehung. Echte, reine, geistige Liebe und Freundschaft führen zu keiner Abhängigkeit. Wer geistig wahrhaft liebt, braucht niemals Angst, die nur Energie entzieht, vor dem Verlieren der geliebten Person zu haben. Die Abhängigkeit ergibt sich aus falschen besitzergreifenden zwischenmenschlichen Beziehungen, deren Ergebnis meistens zum »Nicht-loslassen-Können« führt. Dies vollzieht sich auch zwischen Eltern und erwachsenen »Kindern«, wenn es ihnen nicht gelingt, ihre Beziehung in ein Freundschaft-Freiheit-Verhältnis zu wandeln. Eltern machen dann weiterhin den erwachsenen Söhnen und Töchtern Vorschriften und teilen weiter unerwünschte, unerbetene »Rat«-Schläge = **Schläge** aus. Diese »Rat«-Schläge erreichen ihr Ziel nicht, da sie den Naturgesetzen zuwiderlaufen; sie werden zu Recht nicht beachtet und bringen die Generationen in Widerspruch zueinander. Partner in Freundschaft, Ehe, Familie, Wohn- und Berufsgemeinschaft bauen nur dann eine dauerhafte, sinnerfüllte Beziehung auf, wenn sie durch einen harmonischen geistigen Energieaustausch zusammengehalten wird. Ein schmerzliches Loslassen erübrigt sich auf diese Weise, da die Beziehung auf beiderseitiger Achtung der Freiheit des anderen beruht.

Dagegen ist eine nur auf körperlicher und materieller Basis (Geld und Geltung) entstandene Beziehung von vornherein mit negativen Vorzeichen belastet; sie führt letztlich zur Veräußerlichung und zieht – aufgrund der unerbittlich waltenden Universalprinzipien – weite Kreise in Form von Alkohol, Nikotin oder anderen Drogen, die schließlich eine seelische Entwicklungshemmung bedingen.

Worin liegen die Ursachen des »Nicht-loslassen-Könnens«? Normalerweise lassen sie sich auf die gefährliche Schwäche des Eigensinns oder der **Sturheit** zurückführen. Sturheit übersieht die eigenen Schwächen und macht uns uneinsichtig. Jedoch besteht eine Hilfe darin, daß sture Menschen, gemäß dem universellen Prinzip, am ehesten von der Sturheit anderer lernen. **Diese Schwäche stört uns beim anderen deshalb, weil sie bei uns selbst stark ausgeprägt ist. Es ist der Spiegeleffekt**, gewissermaßen ein Kunstgriff der Natur, weil das Stursein die Einsicht in die eigene Schwäche betäubt.

Solch ein Teufelskreis führt zwangsläufig zu starken Energieentzügen, die sich in Störungen wie Bluthochdruck, Haarausfall, Herzkrankheiten oder sogar Schlaganfällen äußern können und auch in finanziellen oder beruflichen Problemen ihren Niederschlag finden. Der ehrliche Wunsch, demütig zu werden, sich mehr in die Lage des anderen einzufühlen, ihn zu verstehen, ruft eine innere Wandlung hervor, die uns zu Kooperation befähigt. Sturheit gilt als Erzfeind reibungsloser Zusammenarbeit und des harmonischen Zusammenlebens und wird häufig durch ein falsch gelöstes Mutproblem verursacht. Ein davon Betroffener ist meist im tiefen Inneren unsicher, geplagt von Minderwertigkeitsgefühlen, so daß er durch Sturheit versucht, seinen Mut unter Beweis zu stellen. Dieses Durchsetzen um jeden Preis, egal, ob die Funken fliegen, kann sich immer mehr versteifen, wenn die tiefere Ursache nicht wahrgenommen wird.

»Sensibel« zu sein wird im allgemeinen positiv gewertet, hat in nicht wenigen Fällen jedoch mit **Nicht-vergeben-Können**, mit Beleidigt- und Zornigsein zu tun. Jedoch ist eine »Mimose« unangenehm für die Umwelt, weil man bei ihr alles auf die Waagschale legen muß. Aber es fällt leichter, auch gegenüber einer »Mimose« Toleranz zu üben, wenn wir den **Spiegelbildeffekt** kennen, den andere Menschen und deren Fehler auf uns ausüben. **Letztendlich wird uns klar, daß uns unsere eigene Schwäche »beleidigt«** – sonst würden wir sie nämlich bei anderen nicht so wichtig nehmen.

Es geht sogar die irrige Meinung in der Welt herum, es sei eine Charakterstärke, mit jemandem für immer in Feindschaft zu leben. So nahm beispielsweise in einer Familie die Mutter einer 20jährigen Tochter eine Stelle im Ausland an, welche für ihren beruflichen Werdegang besonders vielversprechend schien. Der frühere Ehemann und Vater der Tochter sah es nun als »Charakterstärke« an, die Tochter nach der Rückkehr der Mutter mit dieser nicht mehr verkehren zu lassen. Aber zu vergeben und tolerant zu sein, auch wenn wir die Wege, die andere Menschen gehen, nicht auf Anhieb verstehen, beschleunigt die Entfaltung unserer Persönlichkeit. Dazu zählen auch das **Sich-selbst-Vergeben** oder **Keine-Schuldgefühle-Haben** bei tatsächlichen bzw. eingebildeten Fehlern; dies läßt sich als wirkliche Charakterstärke oder Talent bezeichnen, was darüber hinaus Energie freisetzt. Nach dem physischen Tod Nahestehender stellen sich oft für lange Zeit quälende Schuldgefühle ein, die viel Energie kosten und daher meistens Depressionen auslösen.
Deshalb müssen wir lernen, uns selbst zu vergeben, damit uns auch von anderen vergeben wird.
Schuldgefühle bilden sich vor allem bei jener Tagträumerei, die uns in die Vergangenheit entführt. Und meinen wir, unsere »Schuld« durch finanzielle bzw. arbeitsintensive Aufwendungen wiedergutmachen zu können, sind lediglich Energieentzug und psychosomatische Krankheiten häufige Folgen. **Um aus diesem Jammertal der Schuldgefühle herauszukommen, konzentrieren wir uns auf das Hier und Jetzt.** Ganz in der Gegenwart zu leben und sich auf das zu konzentrieren, was gerade anfällt, bringt Energie und Erfolg.

Mangelndes Vergeben führt in den verschiedensten Formen – Ärger, Zorn, Vergeltung – nicht nur zu Streit zwischen Menschen, sondern auch zu Kriegen im globalen Geschehen. Wir sollten uns bemühen, aus dem störenden Spiegelbild des anderen die eigenen Schwächen herauszulesen, und dankbar dafür sein. **Vergeben bedeutet vor allem vergessen!** Denn:

- Bluthochdruck,
- Herz- und Kreislaufstörungen, Herzinfarkte,
- Gallen-, Leber- und Nierenerkrankungen,
- Schlaganfälle,
- Haarausfall,
- Migräne (sich selbst unter Druck setzen!)

sind *Hilfe* durch Warnsignale, um anzuzeigen, daß diese Schwächen nicht genug Beachtung fanden.

Schuldgefühle – sich selbst nicht vergeben können – verursachen neben schlaflosen Nächten **Depressionen,** und die daraus resultierenden Konzentrationsschwächen ziehen oft eine langanhaltende Zerrüttung des Nervensystems nach sich.

Positive Lebenssicht
(nicht negativ kritisieren)

Die vitalste Energiequelle stellt die positive Einstellung zum Leben dar, die aus der Erkenntnis resultiert, **daß alles im Leben positiv ist.** Alles? Auch Krankheit, Unfall oder gar Tod? Wie in vorhergehenden Kapiteln erwähnt, **ist das Leben hauptsächlich eine Schule,** in der alles dem Entwicklungs- oder Lernprozeß des Menschen Dienliche eingesetzt wird. **Denn das Ziel und der Sinn des Lebens** besteht ja in der *Höherentwicklung der Seele.* Daher muß alles, was diesem Ziel dient, positiv sein.

Das Leben hier auf der Erde besteht aus vielen Schritten und Erfahrungen für eine Seele; und der Tod des physischen

Körpers bedeutet das Ende einer Erscheinungsform und zugleich den Beginn einer neuen.
Kann ich es lernen, das Positive im Negativen zu erkennen – daß zum Beispiel **Krankheit immer einen Lernprozeß**, einen Hinweis auf Fehlverhalten und auch einen Reinigungsprozeß darstellt?
Ja, denn unsere Gedanken und Einstellungen sind Mächte, sind energetisch schwingende Kraftströme. Diese Energie, ob positiv oder negativ, zieht grundsätzlich Gleiches an sich.

Eine optimistische Einstellung oder positive Gedanken ziehen Positives nach sich. Auch etwas erkennen zu wollen ist ein positiver Vorgang, zieht also optimistische Energie an, mit der die Erkenntnis – bei vernünftigem Handhaben des Erkennungsprozesses – gewonnen werden kann. Der Vorgang läßt sich mit dem eines Computers vergleichen, in dem eine bestimmte Programmierung das gewünschte Resultat hervorbringt – physikalisch ausgedrückt: Die Energieformen verbleiben qualitativ im gleichen Zustand, während die Inhalte sich ändern. Bei positiver Programmierung erhalten wir positive Resultate, bei negativer negative. Auch hier können wir erkennen, daß nicht Energie an sich das Wichtigste ist, sondern vor allem, wie wir damit umgehen. Wir selbst beginnen **Herr unseres Schicksals** zu werden, sobald wir Energie als solche wahrnehmen und zu steuern imstande sind.

Wenn wir nun diesen entscheidenden Energie-Gedanken weiterführen, erfahren wir außerdem, daß alle Energie, die wir aussenden, wieder zu uns zurückkehrt. Am ehesten wird der Zusammenhang deutlich bei **negativer Kritik** anderen Menschen gegenüber: Alle negativen Aussagen kehren zum Aussender in doppelter Weise zurück und behindern ihn. So

besagt auch die sprichwörtliche Weisheit: »Wie man in den Wald ruft, so hallt es zurück.«
Wieder spielt hier das »Helfersyndrom« mit hinein: Wir sehen oft nicht ein, daß eine unerwünschte Belehrung auch negativer Kritik gleichzusetzen ist, nur in anderer Form. Als Ausnahmen zählen Eltern unmündiger Kinder, Lehrer, Meister oder Vorgesetzte, die gelernt haben, Kritik mit Liebe und Achtung anzubringen.

Meistens hängt negative Kritik mit einem der bedeutendsten Naturgesetze zusammen. **Was stört uns am anderen Menschen?** Genau **der** Mangel, den wir **an uns selbst** konsequent übersehen. Mit Ausnahme des gerade erwähnten Personenkreises, der Erzieher im weitesten Sinn, **bedeutet das in bezug auf Kritik, daß wir uns in anderen selbst kritisieren!** In erster Linie Schwächen, die uns an anderen **stören**, sind nun einmal ein Hinweis und ein **Spiegelbild** für unsere eigenen Schwächen.
Da das gesamte Universum einschließlich der Erde sich fortwährend dem Zustand der Verfeinerung und Vervollkommnung nähert, dient alles, auch was sich hier auf der Erde ereignet, dem universellen Ziel der Vollkommenheit.

Viele Menschen, die Erdbeben, Flugzeugabstürze oder andere Ereignisse mit Todesfolge fürchten, erkennen noch nicht, daß der physische Tod nur eine physische Veränderung herbeiführt. Der physische Tod ist ein notwendiger Prozeß für eine Seele, da sie sich im Lauf der Jahrtausende zur Vollkommenheit aufwärtsentwickeln soll. Geist und Seele können also durch äußere Ereignisse nicht vernichtet werden. Jedoch das vergangene, gegenwärtige und zukünftige Befinden einer Seele liegt immer in ihrer eigenen Hand. **Niemand und nichts darf die Weiterentwicklung einer Seele beeinflussen außer**

ihr selbst. Sogar Gott mit seinen Naturgesetzen stellt den von ihm geschaffenen Seelen für ihre Rolle nur den Rahmen zur Verfügung, auch Belehrungen und Informationen – über ihr Tun jedoch entscheidet eine Seele stets selbst. Dazu ein Beispiel: Eine männliche Seele inkarniert in eine Familie mit einem Alkoholiker als Vater. Diese Seele, die meist aus einem früheren Leben noch die Schwäche einer Alkoholabhängigkeit zu bearbeiten hat, ist nun vor eine Schlüsselentscheidung gestellt. In meiner Praxis zeigte sich in vielen solchen Fällen, daß durch das Verhalten des Vaters – der Ehefrau und Kinder schlug, der schließlich seine Arbeit verlor und nun seelisch und körperlich zusehends verfiel – die Seele des Kindes geradezu zur Entscheidung gedrängt wird: entweder »Ich werde nie trinken« und er hält sich an den Vorsatz – oder »Ich muß auch trinken, denn schließlich bin ich ja erblich belastet« und beginnt bei der ersten Gelegenheit damit. So lassen sich schließlich sogenannte »Erbanlagen« erklären. Einer Seele mit ähnlicher Schwäche wird die erlösende Bearbeitung in einer solchen Familie »angeboten«, weil sie dort am Spiegelbild ihre Schwäche leichter erkennen kann.
Wäre es nicht ungerecht, wenn Seelen in ihrer Entwicklung durch Erbanlagen behindert würden, die sie sich nicht selbst früher durch vergangene Inkarnationen erworben haben? Ich denke hier an den seelischen und geistigen Bereich, um das Positive im Negativen erkennen zu können. Falsch wäre der Schluß: »Eltern und Großeltern starben an Krebs, folglich bin ich auch gezwungen, an Krebs zu sterben.« Vielmehr: »Ich habe die Chance, **nicht** an Krebs zu sterben! Ich kann durch meine positive Sicht das Verhalten der Eltern bezüglich der seelischen Ursache von Krebs studieren.« Denn wie allen Krankheiten liegen auch Krebs seelische Ursachen zugrunde. Sobald ein Patient um diese seelischen Ursachen weiß, kann er sie bei sich erkennen und bearbeiten. Denn: **Es gibt keine**

unheilbaren Krankheiten! Eine Krankheit ist nur dann unheilbar, wenn sich der Patient entweder nicht ändern und verbessern will oder einer falschen Heilmethode zustimmt und diese bei sich anwenden läßt.

Was ist Voraussetzung für eine positive Sicht? Vor allem bewußter zu werden und Gott zu vertrauen. Auf welche Weise erreiche ich das? Durch tägliche Konzentrationsübungen, am besten in der ersten Stunde nach dem Aufstehen.

Das Wichtigste beim positiven Denken ist:

1. Das Wissen, daß alle »Schauspiele« um uns herum uns und unserer seelischen Entwicklung dienen sollen, damit wir unsere Schwächen besser erkennen.
2. Auch Gedanken sind Schwingungen = **Energie.**
   Wir sollten uns bemühen, positive Gedanken zu produzieren, und versuchen, negative Gedanken und Sorgen in positive und gottvertrauende Gedanken umzuwandeln. Das, was wir denken, ziehen wir an. Also haben wir die Ereignisse, die auf uns zukommen, in unserer eigenen Hand, wenn wir sie aufgreifen.
3. Eine Art **»Gedankenhygiene«** ist unerläßlich: Wann immer wir durch einen negativen Denkanstoß in Versuchung geführt werden sollen – sich mit diesem gar nicht erst herumschlagen, sondern ihn im Keim ersticken! Gleich etwas anderes, Positives denken!

Sehr oft sind sogenannte »Pechvögel« Menschen, denen es schwerfällt, das Positive im Negativen zu sehen. Im Urlaub bekommen sie ein Hotelzimmer gleich neben einem lauten Aufzug, oder ein Preßluftbohrer schmettert »zufällig« unter dem Hotelzimmer sein Fortissimo.

Und was tun wir, wenn ein Raucher, dem wir nicht ausweichen können, uns nötigt, das schädliche Nikotin einzuatmen? Hier bietet sich eine Gelegenheit, sich im positiven Denken zu üben. Man kann durch positive Gedanken eine Art »Abschirmung« zwischen sich und dem Raucher herstellen, indem man das Gefühl des Gestörtseins nicht zuläßt.
Beim Üben zum Positiven gilt es wiederholt zu bedenken, **daß alles, was uns an anderen stört, mit unseren eigenen Schwächen zusammenhängt.** Wird ein Nichtraucher mit Zigarettenrauch konfrontiert, ist das ein Test für seine Schwächen, **negative Kritik** zu üben und sich Sorgen zu machen!
Negative Kritik stellt die nachhaltigste Störung im zwischenmenschlichen Bereich dar. Wir hinterfragen nicht nach dem Motto »Wer perfekt ist, werfe einen Stein«, ob wir das Recht haben, andere Menschen ungefragt auf ihre Fehler aufmerksam zu machen. Bei genauem Kennenlernen unseres eigenen Inneren sollte uns die Antwort nicht mehr schwerfallen: Nein, denn die uns am anderen störenden Fehler spiegeln ja nur unsere eigenen Schwächen! Die Kritik richtet sich an uns selbst und fällt auch immer auf uns selbst zurück.
So entsteht der Kreislauf, den wir Teufelskreis nennen:
Der Kritisierende braucht »Übung«, um seine Schwäche abzuschleifen. Dazu dienen ihm aufgrund der Naturgesetze die Menschen seiner näheren Umgebung, die bald durch das dauernde Abwerten ihres Tuns nur mehr mit zwei »linken« Händen hantieren. Der Kritisierende bringt daher seine Mitmenschen durch negative Einstellung und Gedanken in Gefahr, überflüssige Fehler zu machen, mehr, als sie normalerweise machen würden! Das gilt besonders für die eigenen Kinder und für Mitarbeiter.

Pessimismus und kritische Einstellung anderen Menschen gegenüber führen außer zu vielfältigen Problemen auch zu

Krankheiten. Alle mit »Pech« bezeichneten Ereignisse werden durch vorhergehende negative Gedankengänge hervorgerufen!
Hören wir nicht diese »Prophezeiungen« täglich: »Da bekomme ich ja keinen Parkplatz«, »Das schaffe ich nie«, »Wenn das nur gutgeht« usw. So macht man sich selbst zum unheilvollen Propheten, da man somit das Unglück anzieht.

»Gedankenhygiene« stellt einen Teil der unentbehrlichen Konzentrationsübungen der ersten Stunde nach dem Aufstehen (siehe Übungen auf Seite 130) dar. Es geht schließlich darum, keine Sorgen oder andere negative Gedanken »Fuß fassen« zu lassen; denn es kostet auch unnötige Energie, sein eigener vermeintlicher Prophet zu sein! Was also tun, wenn eine Sorge oder ein anderer negativer Gedanke uns einfällt? Nicht annehmen! Sich ganz auf die momentane **Arbeit oder Beschäftigung konzentrieren.** Auf diese Art sperrt man von selbst die negativen, sorgenden und zerstörerischen Gedanken aus. Man läßt sie erst gar nicht zur Tür herein.
Ein Mangel an positiver Lebenseinstellung in Verbindung mit der Tendenz, Fehler bei anderen festzustellen, löst **Krankheiten** in spezifischen Bereichen aus:

a) Mund, Zähne, Hals, Stimmbänder, Stirnhöhle; diese Art von Krankheiten deutet schon darauf hin, daß man vorsichtiger sein sollte mit dem, was aus dem Mund herauskommt. Negative Bemerkungen erzeugen eine Art von negativer Elektrizität, die sich hier im Umfeld der Sprechwerkzeuge auswirkt.
b) Bronchitis; besonders die chronische Bronchitis macht auf denselben Zusammenhang aufmerksam.
c) Rheuma, Arthritis, Polyarthritis, Gicht.
Letztere sind auch teilweise ernährungsbedingt. Durch zu-

viel tierisches Eiweiß entsteht ein Übermaß an Harnsäure, die sich an den Schwachstellen im Körper ansiedelt und auch dort negative Elektrizität produziert, die viel Leiden auslöst; womit auch die geistige und körperliche Beweglichkeit gehemmt wird.

d) Paranoide Schizophrenie.
Diese schlimmste aller Geisteskrankheiten wird hervorgerufen durch das negative Kritisieren jener Menschen, die man eigentlich gern hat. Nach dem Naturgesetz ist der Kritisierende genötigt, das zu glauben, was er Negatives verbreitet, und da es zu ihm zurückkommt, löst es einen Verfolgungswahn bei ihm selbst aus.

e) Depressionen entstehen u. a. durch dauerndes Sorgen – sprich ein Grübeln und Nachdenken in negativer Weise. »Wenn das nur gutgeht« ist ein Standardbild des Zweifelns, das uns viel Energie kostet. Aber wie begegnen wir den harmlos erscheinenden, uns täglich begleitenden Zweifeln und Sorgen?

Konzentrieren auf das Wesentliche, auf das Hier und Jetzt ist von größter Wichtigkeit. Tagträumerei ist das gedankliche Abweichen von dem, was die Hände tun, bis zum Fallenlassen der Tätigkeit, um der Phantasie nachzuhängen. Sie führt oft von Zweifel zu Zweifel und so zu immer mehr kummervollen Gedankengängen, in denen das »Ende mit Schrecken« ausgemalt wird. Das Sprichwort: »Müßiggang ist aller Laster Anfang« erfährt durch diesen Zusammenhang seine Deutung. Ohne sinnvolle, konzentrierte Arbeit schleichen sich in unser Denken herabziehende Ideen ein; das heißt, man läßt sich von den Sorgen-Denkanstößen einfangen.
Bewußter werden durch Konzentration ist das Allheilmittel der Selbsthilfe, da es zu **positiven Zielvorstellungen** verhilft!

Zeitnutzung

Zeit ist Energie. Ihre Nutzung wird als Charaktereigenschaft zu einem Quell von Energie. Falls hier eine Schwäche vorliegt, ist diese oft die Wurzel mannigfaltiger Beschwerden wie Depressionen und psychosomatischer Krankheiten, weil ein Energieentzug infolge schlechter Zeitnutzung großes Unbehagen auslöst.

Heutzutage, zu Beginn des 21. Jahrhunderts, haben erstaunlich viele Menschen mit dem Begriff Zeitnutzung mehr Schwierigkeiten als mit den vier anderen Charaktereigenschaften.

Die Zeit als kostbare Energieart ist unentbehrlich für unsere seelische Fortentwicklung. Alle Begriffe wie Entfaltung, Entwicklung, Fortschritt, Verbesserung beinhalten als wichtigsten Faktor die Zeit. Zeit (Energie) »totschlagen« heißt daher auch seine Seele »totschlagen«.

Im Begriff Ewigkeit erscheint uns Zeit unendlich zu sein, und doch ist auch hier Zeit eine wesentliche Komponente für gewisse Abläufe und Weiterentwicklungen. Nichts bleibt stehen – auch in der Ewigkeit läuft die Entwicklung weiter, und alles wird sich zusehends sublimieren (verfeinern).

Auf der Erde ist Zeit – und viele haben schon erkannt, daß auch Finanzen mit ihr zusammenhängen – einem Energiestrom vergleichbar, ohne den wir nicht existieren können. Wir messen Bewegungsabläufe in Zeit bzw. Zeitspannen. Die Jahrtausende, die Jahrhunderte – fast 2000 Jahre seit Christi Geburt – sind auch universellen Energieeinheiten gleichzusetzen. Beruflich Arbeitende werden nach »Arbeitszeiten« bezahlt, genau berechnet nach geleisteten Zeitabschnitten: Jahr, Monat, Woche, Tag oder Stunde. Ein Berater (Anwalt, Psychologe u. a.) hingegen wird nach Zeit (eine halbe Stunde oder eine Stunde) bezahlt, schließlich mußte er sein Wissen durch jahrelanges Studium – also auch durch Investition von Zeit – erwerben.

Eine bestimmte Zeiteinheit entspricht stets einer adäquaten Energieeinheit und sollte als solche sehr hochgeschätzt werden. Daher gilt: **Jeder Zeit- oder Energieaufwand für unsere körperliche oder seelische Verbesserung ist gute Zeitnutzung.** Umgekehrt ist alles, was uns seelisch bzw. körperlich schadet, Zeitverschwendung, zieht Energieverlust, oft Krankheit, meist auch Geldverlust nach sich.
Unsere Lebenszeit läßt sich in zwei große Perioden einteilen: Arbeitszeit und Freizeit.

Die Arbeitszeit

Unser Wohlbefinden und unsere finanzielle Situation hängen von der **Einstellung zu unserer Arbeit** ab.
Die erste Frage sollte lauten: »Habe ich eine angemessene Arbeitsstelle?« Der richtige Arbeitsplatz sieht natürlich individuell verschieden aus; aber es gibt einige allgemeine Richtlinien.
Von großer Bedeutung ist die Frage: Arbeite ich für ein Unternehmen, sei es klein oder groß, dessen Produkte und Ziele den Menschen zu ihrer Verbesserung verhelfen, oder nicht? Werden beispielsweise in einem Unternehmen Produkte erzeugt, die den Menschen gesundheitlich schaden? Dies verursacht einerseits Energieentzug bei den Mitarbeitern; andererseits können auch finanzielle Engpässe entstehen, aufgrund des Umstandes, daß Geld eine materialisierte Energieform darstellt. Oder wird z. B. in einer Werbeagentur ein Produkt angepriesen, das der Agenturbesitzer selbst ablehnt – bzw. ich als Mitarbeiter?

Das wichtige Ziel einer verantwortungsbewußten Persönlichkeit sollte darin bestehen: **mit der eigenen Entwicklung immer das Wohlergehen der Menschheit im Auge zu haben.**
Hat man erst einmal eine passende Arbeit im richtigen Unter-

nehmen gefunden, spielt der positive Energieeinsatz eine ausschlaggebende Rolle:

Jeder sollte seine Arbeit so verrichten, auch wenn er in einem fremden Unternehmen arbeitet, als ob ihm die Firma gehören würde.

Einen solchen wertsteigernden Energieeinsatz bekommen wir in Form von FREUDE bei der Arbeit zurück. Dieses Naturgesetz ist von solch immenser Bedeutung, weil Arbeit neben Konzentration und Freundschaft als eine der drei wichtigsten Tätigkeiten für unsere seelische Verbesserung anzusehen ist. Arbeitslos zu sein ist eine nicht zu unterschätzende Gefährdung für die seelische Entwicklung und somit auch für die Gesundheit. Meist warnen uns Depressionen vor einer länger anhaltenden Beschäftigungslosigkeit. Die oder der Betroffene muß sich wieder in den regulären Arbeitsprozeß eingliedern, bevor sich mit einer psychosomatischen Krankheit der Teufelskreis schließt.

Ungewollte Arbeitslosigkeit ist immer vom eigenen Verhalten abhängig – sonst wäre diese Hilfe der Naturgesetze ungerecht. Arbeitslosigkeit kann durch fehlerhafte und unkonzentrierte Arbeit ausgelöst werden oder dadurch, daß man in der Arbeit nur eine notwendige Geldquelle sieht und sie entsprechend lustlos und uninteressiert ausführt. Ein anderes Naturgesetz besagt, man möge von selbst die Arbeitsstelle wechseln, wenn einem die Arbeit langweilig und zur Routine geworden ist. Wenn in der Arbeit kein Lernprozeß mehr stattfindet, entzieht eine solche »leere« Tätigkeit uns Energie; d. h., auf diese Art darf eine die Vollendung anstrebende Seele nicht mehr den Unterhalt für sich und die Angehörigen verdienen. Selbstverständlich sollte man seinen Arbeitsplatz erst kündigen, wenn man für den nächsten eine feste Zusage erhalten hat.

Arbeit trägt folglich entscheidend zur seelischen Weiterentwicklung bei. Auch Frauen, deren Kinder selbständiger werden, überlegen sich am besten langfristig, wie sie ihre Zeit nach der Kindererziehung nutzen wollen. Sie können dann schon während der Betreuung der Heranwachsenden Weiterbildungskurse besuchen. Dadurch gewinnt man Sicherheit – auch eine Energieart –, um sich nach Jahren wieder in den Arbeitsprozeß einordnen zu können.

Es dürfte seelisch gesehen keinen Unterschied zwischen Freizeit und Arbeitszeit geben, weil beides gleich viel Freude und Energie bringen sollte.

Wer in lehrenden oder beratenden Berufen tätig ist, muß genau überprüfen, was er vermittelt. In diesen Berufen übernimmt man nicht nur eine enorme Verantwortung für andere – es fällt auch auf den Lehrer oder Berater selbst zurück, wenn er etwas Falsches, Entwicklungsstörendes weitergibt.

In Heilberufen ist die Beratung nur dann der Seele und dem Körper von Mittler und Empfänger zuträglich, wenn die Ratschläge gemäß den Naturgesetzen gegeben werden. Nur über die natürlichen Prinzipien können die Schwächen, die eine Krankheit ausgelöst haben, entdeckt werden, was wiederum zur ursächlichen Heilung führen kann. Die **Hilfe zur Selbsthilfe** wird aufgrund der Naturgesetze mit Energiezustrom belohnt. Dem Patienten sollte wiederholt erklärt werden, daß **Krankheiten nicht als Strafe oder »Zufall«** gedacht sind, **sondern zur Schulung als Lernerfahrung** – dafür »fällt sie uns schließlich zu!«
Jede Art von Behandlung, die einem Erkrankten anscheinend ganz schnell Erleichterung schafft (langfristig niemals), **ohne** daß der Betreffende an den auslösenden Schwächen arbeitet,

wird auch den Behandelnden oder seine Angehörigen in gesundheitliche beziehungsweise finanzielle Schwierigkeiten bringen.
Eine schnell eintretende dauerhafte Erleichterung, die sich verstärkt, kann nur durch **Hilfe zur Selbsthilfe** für den Patienten erfolgen, die nach Einsicht in die Naturgesetze von selbst aktiviert wird.

Die **Lebensschule**, die wir hier lebenslänglich durchlaufen, sieht in etwa folgendermaßen aus: Jede Seele findet sich – entsprechend ihrer Entwicklungsstufe – in einer Stufe oder »Schulklasse«, in der sie die bestmöglichen Erfahrungen durch Lernprozesse erwerben kann. Das ist auch der Grund, warum wir mit unseren Ratschlägen vorsichtig sein müssen. Wenn diese nämlich zum unangebrachten Zeitpunkt gegeben werden, stören sie den anderen – sie wirken dann als »Schläge«. Bevor wir eine Empfehlung geben, müßten wir uns vergewissern, welche Lernprozesse in **diesem Moment** für die betreffende Person hilfreich sein könnten.

Der Begriff Freizeit unterstellt durch das Wort »frei«, daß wir während der Arbeitszeit »unfrei« seien oder einer Art von Zwang unterlägen. Viele Menschen sehen in der Tat diesen Unterschied in den zwei Lebensbereichen, was wiederum eine falsche Einstellung zur Folge hat. **Wir sind immer und zu jeder Zeit »frei«, wenn wir unsere seelische Weiterentwicklung allem voranstellen und nie aus den Augen verlieren.** Denn was wirkt unfreier, als sich zum Beispiel in der »Frei«zeit von einer Gewohnheit, Abhängigkeit oder Sucht – z. B. übermäßigem und wahllosem Fernsehen, Alkohol, Drogen oder Leidenschaften – dirigieren zu lassen? **Freiheit – seelisch verstanden – ist also immer ein innerer Zustand;** sie führt unweigerlich zu einem Zuwachs an Energie, sofern wir die geistigen Prinzipien der Naturgesetze niemals aus dem Blickfeld verlieren.

Auch während der »Freiheit tragen jene Beschäftigungen zu Freude und Glückseligkeit bei, die unserer Seele eine positive Entspannung und Aufladung bieten. Dazu gehören außerdem alle gesundheitsfördernden Tätigkeiten: Beschäftigung mit vollwertiger Ernährung, Spazierengehen in frischer Luft, Gymnastik, Kunst und Kultur, positive Sportarten. Was gute und nicht so gute Sportarten sind? Zu den nicht erstrebenswerten Sportarten gehören jene, die Körperverletzungen leicht möglich machen. Abgesehen davon erfordern die Signale zur Vorsicht einen besonderen Energieaufwand im Sinne der Naturgesetze. Daher kann man Boxen, Auto- und Motorradrennen als zeit- und damit energieverschwendend ansehen. Auch ist es kein Zufall, daß es in den letzten Jahren zu so vielen tödlichen Zusammenstößen bei und nach Fußballspielen kam, denn auch das nur psychische Beteiligtsein durch Zusehen stört unsere feinstofflichen Schwingungen und löst Spannungen aus, die, speziell in der Gruppe, zu aggressiven Handlungen führen.

Die zweite Frage zum Thema Arbeit sollte lauten:
Warum arbeite ich? Für Geld? Anerkennung? Für Ruhm oder Macht? Eine vernünftige Fragestellung hieße: **Welche Arbeit bringt mich seelisch am besten und sichersten voran?**
Beruf kommt von Berufung und gehört zum Wesentlichsten unserer inneren Weiterentwicklung. Intelligenz, Talente und Charaktereigenschaften können nur durch regelmäßige Arbeit zur Entfaltung gelangen. Hierzu gehört, als eine der wichtigsten Arbeiten überhaupt, natürlich die Erziehung der Kinder durch ihre Mütter – und auch Väter. Junge Menschen über-

legen sich am besten vor der spezifischen Berufsausbildung: Was sollte ich beruflich tun, um seelisch die größtmöglichen Fortschritte zu machen und zugleich der Menschheit zu helfen? Diese Frage sollte man in einer ruhigen Minute an sich selbst und Gott richten. Der Jugendliche mag den Rat von Eltern, Freunden, Lehrern, Beratern und Verwandten einholen, muß sich aber selbst seine Meinung bilden. Das Einholen und auch Prüfen allgemeiner Informationen erzeugt Energie, weil sich darin die Naturgesetze durch Hilfestellungen, z. B. in Form einer präzisen Intuition, auswirken können.

Die Einstellung zur Arbeit ist ausschlaggebend. Wenn wir bestrebt sind, unser Bestes zu geben, wirklich so zu arbeiten, als ob die Firma uns gehören würde, dann empfinden wir bei der Arbeit Freude. Der Unterschied zwischen Arbeitszeit und Freizeit, den es ja innerlich nicht geben sollte, fiele dann nicht ins Gewicht. Sein Bestes geben heißt: eventuell auch etwas mehr zu tun, als vom Chef verlangt wird, ohne »besser« sein zu wollen, ohne Hochmut, falschen Ehrgeiz oder Anerkennungssucht. Dieses »Beste« bringt zusätzliche Energie als Belohnung, man wird darüber auch nicht müde. **Müdigkeit kommt von**

1. falscher Arbeit,
2. nicht genügend persönlichem Einsatz,
3. zuviel oder zu lange arbeiten,
4. nicht die Prioritäten erkennen und sich in Kleinkram verlieren,
5. mangelnder Konzentration bei der Arbeit.

Streß

Artikel wie »Keine Zeit« erscheinen periodisch in der Presse und schildern den Streß, der sich in Gesundheitsstörungen, besonders Magengeschwüren, äußert. Oft spielt noch die Angst eine zusätzliche Rolle und verursacht Herzbeschwerden. Durch Untersuchungen wurde herausgefunden, daß Führungskräfte häufig unter Zeitmangel leiden. Woher kommt das wohl? Die Antworten dazu sollen hier nun gegeben werden. **Streß entsteht vor allem durch vier Mängel:**

1. **Die Unfähigkeit, Prioritäten zu erkennen:** Man will entweder alles auf einmal machen oder verliert sich in Nebensächlichkeiten.
2. **Mangelndes Delegieren:** Viele Geschäftsführer und Firmeninhaber stehen unter dem Zwangseindruck, nur sie allein könnten sämtliche Probleme lösen. Das führt schließlich zu Überforderung. Richtig zu delegieren meint auch, anderen die Chance zu bieten, Neues zu lernen und einzubringen. Wahre Führungskräfte üben sich dabei im Unterrichten durch Erklären. Mitarbeiter können dann Verantwortung übernehmen, die den Chef entlastet und ihnen in ihrer Weiterentwicklung hilft.
3. **Falsche Kooperation:** Durch richtige Kooperation lassen sich alle Tätigkeiten auf verschiedene Personen harmonisch verteilen, vorausgesetzt, daß niemand zu stur ist. Sturheit ist das größte Hindernis für reibungslose Kooperation! Wesentlich ist auch, nicht mit anderen zu konkurrieren: »Arbeitet der Kollege weniger oder mehr als ich?«, sondern nur **mit sich selbst zu konkurrieren.**
4. **Falsches Freizeitverhalten:** Eine ganz gefährliche Art, in Streß zu geraten, stellt regelmäßige falsche Freizeitgestaltung dar, z. B. nicht sinnvoller Sport, falsche Beziehungen

zu Personen, Gruppen, Organisationen, Sekten usw. Dies kommt einer Zeitverschwendung gleich und kostet nach den Naturgesetzen Energie, was durch Zeit bzw. Geldmangel spürbar wird.

5. **Als wichtigster Punkt:**
   Die mangelnde Konzentrationsfähigkeit bei wesentlichen Tätigkeiten stört auch das **Nervensystem!**

Freizeit

Bestrebt sein, sein Bestes zu geben, bedeutet:
Energieeinsatz bringt Freude – und Freude bringt Energie!
In meiner Praxis konnte ich miterleben, wie Patienten nach längerem sinnwidrigen Energieaufwand in Depressionen gerieten. Häufig gesellten sich physische Symptome hinzu wie Haarausfall, Allergien, Schlaflosigkeit, Stoffwechselstörungen, oft auch schwerwiegende Krankheiten.

Gute Sportarten wie Wandern, Skifahren – natürlich nicht rasant und rücksichtslos –, Tennis, Radfahren und Schwimmen sind gesundheitsfördernd, wenn maßvoll durchgeführt.
Für die seelische Entwicklung und Aufladung durch Energie ist die **Beschäftigung mit Kunst und Kultur allgemein besonders wertvoll.** Es gehört zu einer abgerundeten Persönlichkeit, Interesse an guter Musik, Malerei, Architektur, Literatur, Theater und guten Filmen zu entwickeln.
Von einem jungen Mädchen hörte ich einmal, Musik sei Geschmackssache und Rockmusik ebenso gut, wenn nicht sogar besser als klassische Musik. Subjektiv ja. Objektiv läßt sich lernen, daß Musik Schwingungsarten hörbar macht. Klassische Musik besteht aus positiven, harmonischen, energieerzeugenden Schwingungen. Diese Art von Musik wurde von hohen Seelen als Geschenk für die Menschen zu deren Aufladung komponiert. Ein Zeichen der Güte dieser Musik besteht

darin, daß sie niemals unmodern und vergessen wird. Bach, Beethoven, Mozart, Wagner, also die Klassiker, werden immer »in« sein. Viele Jugendliche leiden schon unter Gehörschäden, weil Rockmusik oft pausenlos und zu laut gehört wird. Sie erzeugt negative Schwingungen nicht nur durch Überzeichnen der Rhythmik, sondern auch durch oft zweifelhafte Texte.

Irrgarten der Erde

Die menschliche Seele besteht jetzt – zu Beginn des dritten Jahrtausends – bereits aus besonders feinstofflichen Schwingungen und wird durch jede Art von Umwelteinfluß leicht geprägt. Jugendliche, deren »Antennen« ja im allgemeinen noch offener sind, können durch das Kennen- und Liebenlernen klassischer Musik eine positive Wende in ihrem Leben vollziehen, wie überhaupt das Suchen vieler nach geistiger Wahrheit sich unübersehbar vermehrt. Da unsere Welt aber noch eine Art **Irrgarten**, also eine Übergangsperiode darstellt, ist hier größte Vorsicht und dauerndes Überprüfen geboten. Das Suchen in falschen Richtungen und Niederungen kann auch zu Süchten als Ersatzbefriedigung führen: Alkohol, Nikotin, Drogen, Sex. **Die Suche kann zur Sucht werden!**

Warum ist denn die Erde ein Irrgarten?

Da die Erde seit ungefähr 120 Jahren eine Entscheidungsebene ist (siehe Buch »Erfolg und Harmonie im Leben«), müssen die in ihrer Entwicklung vorankommenden Seelen ihre Intelligenz und vor allem ihre Intuition stärken und fördern, um die richtigen von den falschen Wahrheiten unterscheiden zu können. Eine schnelle, oberflächliche Lösung von Problemen führt langfristig zu keiner Weiterentwicklung. Jede Verbesserung darf nur mit dem notwendigen Einsatz an Energie, Zeit und Material (evtl. Geld) erreicht werden. Wie schon erwähnt, sind Zeit – Energie – Geld gleichzusetzen. Alles ist

Energie in verschiedenen Formen. E(nergie) = m(asse) x c^2 (Lichtgeschwindigkeit im Quadrat) – so stellt es Einstein in seiner berühmten Formel dar.

Dieser Irrgarten auf der Erde dient dazu, die »Spreu vom Weizen zu trennen«. Dafür ist eine wichtige Grundeigenschaft notwendig: **der Fleiß**! Die Frage lautet: Will ich konsequent und mit Selbstdisziplin an mir arbeiten, oder will ich lieber ein bequemes Leben führen? Ein »bequemes« Leben ist im Grunde eine Illusion, da den Naturgesetzen die tägliche Erinnerung innewohnt, was auf der Erde an erster Stelle steht:
Die Weiterentwicklung unserer Seele!
In diesen Irrgarten gehören natürlich Irrtümer, die sich exemplarisch in folgenden Redensarten manifestieren:
»Was werden wohl die anderen Leute denken?«
»Zucker gibt extra Energie.«
»Morgen ist auch noch ein Tag.«
»Den Charakter kann man nicht ändern.«
»Ich möchte den Menschen helfen« (dann brauche ich es bei mir nicht zu tun).
»Ich möchte mir was Gutes tun« (sich gehenlassen).
Bei der Betrachtung solcher Irrlehren fällt auf, daß sich die zugrundeliegende Schwäche wie ein roter Faden durch diese Aussagen zieht, nämlich mangelnder Fleiß. Er führt zwanghaft zu Methoden, die diese Denkweise unterstützen. Geschäftstüchtige Leute machen außerdem dieses Suchen nach der Wahrheit den Suchenden leicht. Viele Sekten und Bewegungen versprechen das »Heil«, manchmal für hohe Summen. Allzuschnell begibt sich der Oberflächliche auf solche Wege. Wir können **unsere Intuition** jedoch **nur stärken und verbessern,** wenn wir grundsätzlich erst einmal solche Methoden **überprüfen:** Was heißt das – überprüfen? Es heißt, sich möglichst neutral und unbefangen einer Methode zu nähern, alle

Zeichen und Warnungen genau zu beachten und zu vergleichen. Anfangs kommen meistens die Warnsignale in der Art, daß man bei solch einem »heil«versprechenden Vortrag gar nichts verstehen kann, als ob jemand chinesisch spräche. Zu den deutlicheren Warnungen gehören dann Hindernisse, z. B. Autopanne, Staus, Paß vergessen und ähnliches auf dem Weg dahin.

Die beste Überprüfung gelingt hinterher, **nach** dem Versuch: **Wie fühle ich mich danach?** Habe ich mehr oder weniger Energie? Dies sollte bewußt gefragt und dabei die Hilfe Gottes und seiner Naturgesetze erbeten werden; denn in eine Falle verkehrter Ideen und Methoden kann man sich auf lange Zeit verstricken. Häufige Folgen sind Depressionen, manchmal ernstere Geisteskrankheiten, wenn man zu lange anscheinend förderlichen, aber energiezehrenden Theorien verhaftet bleibt. Sie faszinieren oft deshalb, weil wir in ihrem Bereich nicht aufgefordert werden, an uns selbst zu arbeiten. Ein gutgetarnter Hokuspokus mit teils oft komplizierten Gedankengängen läßt die Sache geheimnisvoll erscheinen.

Aber machen wir uns nichts vor: Grundsätzlich muß es natürlich die Verführung zum Richtigen oder zum Falschen geben – wir brauchen ja die Anlässe für unser seelisches Training, brauchen Prüfungen, Mißerfolge und Erfolge im Er-leben, um unsere Intuition zu schärfen für die Suche nach der Wahrheit. Die wesentliche Hilfe hierbei: **Die Wahrheit muß und soll von mir selbst als richtig empfunden, gefühlt und erkannt worden sein; sie muß für mich nachprüfbar und von positiven Resultaten gekennzeichnet sein.**

Am Schluß eines Seminars oder einer Konsultation empfehle ich, nicht alles gleich zu »glauben«, sondern es selbst auszuprobieren! So macht jeder **für sich** seine **eigenen Erfahrungen**, die einzigen, die sich ihm einprägen. Oft bekomme ich

noch nach Jahren eine Bestätigung von ehemaligen Patienten oder Studenten, die das Gehörte zunächst nicht akzeptieren konnten oder wollten und plötzlich durch ein ihnen von Gott übermitteltes Ereignis hierfür offen und zum Erkennen Seiner Prinzipien gebracht wurden.
Den blitzartigen Erkenntnissen geht ja unbewußt eine lange innere Beschäftigung voraus.

Das Wunderbare an den Naturgesetzen ist, daß wir täglich und stündlich erkennen können, wie Gott sich mit allen Mitteln um unsere Weiterentwicklung geradezu bemüht – wenn wir nur bewußter wären! Dieses Bewußterwerden gelingt uns aber allmählich durch die tägliche Konzentrationsübung.

Beziehungen zu anderen Menschen

Der vielleicht heikelste Punkt auf unserem Weg zur Quelle der Energie sind die Beziehungen zu anderen Menschen. Hier werden die meisten Fehler gemacht mit oft nicht wiedergutzumachenden Folgen, die die weitere Existenz einer Seele mit gravierenden Schwierigkeiten belasten. Dies hängt mit dem Energiegewinn und -verlust zusammen.
Deshalb dürfte eine enge zwischenmenschliche Beziehung **nur nach dem Gesichtspunkt ihrer Richtigkeit eingegangen werden: auf der Basis einer gleichen oder ähnlichen seelischen Entwicklungsstufe.** Woran erkenne ich sie? Bei einer neuen, uns positiv ansprechenden Begegnung empfangen unsere »Antennen« Impulse, die Gefühle der Sympathie auslösen. Aber Achtung! Mischt sich in diese Gefühle der spontanen Anziehung eine leichte Nervosität? Oder eine gewisse Unsicherheit? Nur ein ruhiges, gutes Gefühl der Sympathie ohne irgendwelche Einschränkungen kennzeichnet die Richtigkeit einer Beziehung. Aber auch in ihr kommen noch

Prüfungen auf uns zu, die ein notwendiges Überdenken anregen wollen zu unserer Bestätigung: Ja, ich bin weiter bereit, in diese Beziehung Energie zu investieren. Das gibt mir die Sicherheit, daß diese Beziehung optimal für mich ist. Lösen Prüfungen dann unannehmbare Belastungen aus, muß die Energie-Gewinn- und Verlust-Situation neu überdacht werden.

Sehen wir uns das noch näher an: Um unsere Menschenkenntnis und Intuition in dieser Beziehung zu schulen, auch unsere Bequemlichkeit zu testen, gehen wir einigen Naturgesetzmäßigkeiten nach: Unsere Blutsverwandten sind nicht unbedingt auch unsere Verwandten im geistigen Sinn! Uns geistig verwandte Menschen entsprechen unserer seelischen Entwicklungsstufe, während Blutsverwandtschaft physisch zu verstehen ist. So kommt es oft vor, daß man im körperlichen Sinn mit jemandem verwandt ist, aber aufgrund der unterschiedlichen seelischen Entwicklungsstufen eine harmonische seelische Bindung nicht entsteht. Nicht selten erwachsen für Frauen hieraus schwere Prüfungen, weil sie gern Menschen »helfen« oder sie »retten« möchten, manchmal selbst dann, wenn diese gar nicht von ihnen »gerettet« werden wollen! Die vergebliche Selbstaufopferung für solche Familienangehörige führt dann häufig zu Depressionen, Magen-Darm-Problemen, Rückenschmerzen oder gar Nervenzusammenbrüchen. Das Nervensystem wird dauernd überlastet, denn unangebrachtes »Helfen wollen« entzieht uns andauernd Energie.

Ich erinnere mich an den typischen Fall einer Patientin mit Parkinsonscher Krankheit (Schüttellähmung): schwierige Ehe mit drei Kindern; falscher, nervenaufreibender Beruf; Konzentrationsmangel mit Tagtraum-Folge: Sorgen und negative Gedanken im Hintergrund aller Tätigkeiten. Das Nervensystem wurde auf diese Weise systematisch ruiniert. **Aber das Nervensystem ist regenerierbar,** und zwar durch Ruhe, seelische Arbeit, »Sich-keine-Sorgen-Machen« und vollwertige Ernährung (u. a. eine große Dosis an natürlichem Vitamin B = flüssige Bierhefe). Je nach dem Stadium dieser Krankheit und der Mitarbeit des Patienten ist zumindest ein Stillstand des Leidens erreichbar.

Was kann nun geschehen in einer nach den Naturgesetzen unvernünftigen Freundschaft oder Ehe mit verschiedenen Entwicklungsstufen, also selbst, wenn die Partner einander zu lieben meinen? Eine echte, dauerhafte Liebe ist nur bei gleichen oder ähnlichen Entwicklungsstufen möglich! Andernfalls, aufgrund eines permanenten Energieentzuges, nimmt man die Intuition nicht wahr, da man eine für beide nicht vorteilhafte Beziehung pflegt. Der Betroffene sieht dann als Folge die Realität um sich herum in einer unangemessenen Perspektive und trifft nicht die optimalen Entscheidungen. So entsteht eine Art Teufelskreis, häufig verstärkt durch zusätzliche Mutlosigkeit, falsches Pflichtgefühl, Mitleid und Abhängigkeit, oft gerade auch im körperlichen Bereich, der für gewöhnlich mit Liebe verwechselt wird. Eine derartige Situation ist mit einer seelischen Zwangsjacke vergleichbar: Energieentzug – Empfangen falscher Intuitionen – falsche Motivationen – Nicht-loslassen-Können – Schwächung der Charaktereigenschaft Mut – Energiemangel – Handlungsunfähigkeit. Es entsteht das unvermeidliche Gefühl, aus dieser Situation nicht herauszukommen, was ja auch meistens stimmt, weil der Weg zur wahren Intuition als »Draht zu Gott« unterbrochen ist.

Wie legt man eine solche **Zwangsjacke** ab? Der beste, sicherste und **schnellste Weg ist das Üben der Konzentration.** Und zwar jeden Tag! Man muß hier sehr konsequent sein, nicht meinen, am Sonntag sei Ruhetag. Der biblische siebente Tag bezieht sich auf äußere Ruhe, um nach innen gehen zu können am »Tag des Herrn«. Gott ist ja selbst andauernd im Zustand der Konzentration. Würde unsere Welt noch existieren, wenn SEINE Konzentration und Konsequenz nur eine Sekunde lang nachließen? Das Ergebnis **konsequenter Konzentrationsübungen** in »Zwangsjackensituationen« führt zu sofortigem Ansteigen der Lebensenergie. Diese Energie ermöglicht dann durch bessere Intuition die erforderlichen Maßnahmen, um sich aus einer anscheinend ausweglosen Situation herauszulösen.

Männer, selbst jene auf höherer seelischer Entwicklungsstufe, haben es oft sehr schwer, sich aus einer körperlich betonten (sexuellen) Beziehung zu lösen. Viele Fälle der Praxis zeigten als Folge das Bild großer Schwierigkeiten im Berufsleben. Die Naturgesetze walten selbstverständlich auch im Männeralltag: Als vehemente und wirksame Warnsignale entstehen Probleme im Geschäftsleben, weil ein Mann diesbezüglich leicht verwundbar ist. Darum sollte man vorher bedenken, daß eine Verbindung mit mangelnder geistiger und seelischer Harmonie sich nicht nur im privaten Bereich auswirkt, da beide Seelen sonst einem geistigen Niedergang erliegen. Um sie jedoch vor weiterem Absinken zu bewahren, müssen die Naturgesetze, die in solchen Fällen sehr deutlich eingreifen, diese Menschen zu einer inneren und äußeren Veränderung hinleiten.
Es kann nicht genug betont werden, daß falsche, also **nicht angemessen geführte** zwischenmenschliche Beziehungen die häufigste seelische Ursache einer Reihe von Krankheiten darstellen: Depressionen, Alkoholismus, Herzbeschwerden, Magen-, Darm-, Leber-, Gallestörungen, Degenerationen des

Nervensystems wie Parkinsonsche und Alzheimersche Erkrankung, Krebs, multiple Sklerose.
Aus Mitleid und Pflichtgefühl jemand krank ins Haus zu nehmen, der von geschulten Kräften besser versorgt würde, führt wegen Überforderung zur Abnahme von Energie bei allen Beteiligten (auch beim Kranken).

Auch ein Nicht-loslassen-Können der erwachsenen Kinder seitens der Eltern führt für alle Beteiligten zu größeren Problemen, bis hin zu psychosomatischen Krankheiten. Die Natur dient uns als Spiegelbild: Junge Vögel müssen aus dem Nest! Denn eines der Hauptziele für jede aufwärtsstrebende Seele stellt *Unabhängigkeit und Selbständigkeit* dar. Eltern übernehmen die **Verpflichtung**, ihren Kindern diese Selbstständigkeit bis zum Erwachsenwerden zu ermöglichen.
Eine Familie oder eine Freundschaftsgruppe funktioniert wie eine Art Mannschaft. Wenn sich innerhalb dieser Mannschaft jemand extrem gehenläßt, also Energie verliert und so seine Entwicklung einschränkt, zieht er dadurch die anderen Mitglieder dieser Mannschaft mit hinunter. Die Parallele in der Natur ist der »faule Apfel im Korb«. Deshalb haben eine Mutter und ein Vater die Verpflichtung, von einem »faulenden Apfel« im Bekannten- oder Verwandtenkreis Abstand zu halten, da sonst Familienmitglieder, auch Kinder, in Gefahr geraten, von einer »abwärts sausenden Lawine« mitgerissen zu werden.
Sich selbst überlassen - auch oft nur vorübergehend - hat diese sich abwärts entwickelnde Seele oft noch eine Chance, leichter zu sich selbst zu finden. Denn meist stört vor allem die Nörgelei der anderen und macht sie noch eigensinniger. Auch professionelle Hilfe, falls erwünscht, ist immer wirkungsvoller. Auf der anderen Seite, auch in einer schwierigen Familiensituation, kann **die besonders verbesserte seelische Leistung nur einer Person, erworben durch tägliche intensive**

Konzentrationsübungen, dem Rest der Familie sehr helfen. So kann die eigene persönliche Verbesserung stets auch für andere als die beste Hilfe betrachtet werden.

Freundschaft und geistige Liebe

Intuition und Gefühle sind auch hier unsere Ratgeber. Wie fühle ich mich, nachdem ich einige Stunden mit dieser oder jener Person verbracht habe? Fühle ich mich energielos, wie eine ausgedrückte Zitrone? Oder fühle ich mich wunderbar **aufgeladen, voller Energie und Freude**, und das Leben sieht herrlich aus?

Daher **ist Freundschaft durch geistige Liebe** – mit der Konzentration die wesentlichste Quelle für Energie – das schönste »Geschenk« Gottes an die Menschen auf der Erde. Der Grund dafür ist, daß Freundschaft im geistig-seelischen Sinn immer durch seelische Leistung erarbeitet werden muß. Man kann sie nicht mit Millionen kaufen, sondern nur durch Verbesserung der eigenen psychischen Eigenschaften erreichen. **Durch echte, wahre Freundschaft** ist neben der Freude und Aufladung, die wir erfahren, hauptsächlich auch ein **perfektes Spiegelbild für eigene seelische Schwächen leichter zu erkennen** und dient somit der Vervollkommnung der Seele. Ein berühmter Mann wurde einmal gefragt: »Wer ist Ihr bester Freund?« woraufhin der Mann antwortete: »Mein bester Freund ist derjenige, der in mir das Beste zum Vorschein bringt!«

Für eine freundschaftliche und liebesfähige Seele stellt das Wachsen in einer so liebevollen Atmosphäre die schönste und angenehmste Art dar, sich selbst und damit auch den anderen zur Verbesserung zu verhelfen (siehe Buch »Erfolg und Harmonie im Leben«, Kapitel Freundschaft).

Vor allen Dingen **kann die zur Übung der Konzentration** so wichtige **Bearbeitung folgender seelischer Schwächen durch**

gute Freundschaftsbeziehungen erleichtert werden (siehe Kapitel »Vorbedingungen zur Konzentration« auf Seite 88):

1. Sturheit (Eigensinn)
2. Eifersucht
3. Intoleranz
4. Negatives Kritisieren anderer
5. Immer rechthaben wollen
6. Im Mittelpunkt stehen, gelobt und anerkannt sein wollen
7. Mitleid und falsches Pflichtgefühl

Sturheit und negative Kritik stören nicht nur die eigene seelische Entwicklung, sondern auch das Zusammenleben mit anderen am nachhaltigsten.

Gesundheit

Gesunde, aufbauende Ernährung ist eine weitere vorrangige Quelle zur Vermehrung von Energie und gute Zeitnutzung (siehe Buch »Vital und jung bleiben«). Man ist wirklich, was man ißt! Vitalstoffreiche Nahrungsmittel sind grundlegend für unser psychisches und physisches Wohlbefinden. Denn lebende, natürliche Nahrungsmittel übertragen Schwingungen = Energie; sie wirken durch ihre zusätzlichen Farbschwingungen positiv, bzw. tote Nahrung wirkt durch deren Fehlen negativ. Positive, aufbauende Nahrungsmittel erzeugen positive Elektrizität oder Energie – umgekehrt stören die negativen Schwingungen oder Elektrizitätsarten der falschen Nahrungsmittel den gesamten Organismus. Sie beeinträchtigen speziell die Gehirntätigkeit, so daß Intuition, Entscheidungsfindung, aber insbesondere die Konzentrationsfähigkeit gestört werden.

Allgemein sollte es einen ausgeglichenen Rhythmus zwischen Arbeit und Freizeit geben – die Entspannung ist als gesundheitsfördernder Faktor eine wichtige Energiequelle, wozu auch ein ruhiger, ausgeglichener Schlaf gehört. Über das Schlafen existieren seit Menschengedenken unterschiedliche Theorien, darunter die wohl beliebteste – da bequem – jene vom »Morgen- und vom Abendmenschen«. Diese Scheintheorie gesellte sich zu den anderen Gewächsen in unserem großen Irrgarten.

Den Naturgesetzen entspricht **ein frühzeitiges Zubettgehen,** und zwar für **alle** Menschen, letztlich läßt sich daran auch die persönliche Selbstdisziplin ablesen. Gehirn und Nervensystem erneuern sich hauptsächlich in der abendlichen Regenerationsperiode zwischen 21.30 und 24 Uhr. Die Schlafenszeit sollte demnach im allgemeinen spätestens um 22.00 Uhr beginnen. Personen mit Abendberufen wie Schauspieler, Sänger, Musiker und in den Medien Tätige sollten daher nachmittags den versäumten Schlaf nachholen, der auch als Schlaf vor Mitternacht gewertet werden kann.

Besonders die Konzentrationsfähigkeit und das Jungerhalten des gesamten Organismus hängen vom frühen Schlaf vor Mitternacht ab. Der richtige Schlafrhythmus zählt zu den wesentlichen Vorbedingungen für das tägliche Üben der Konzentration und deren Fortschritte. Eines der ausschlaggebenden Talente, das mit dem Treffen richtiger Entscheidungen eng verbunden ist, nämlich die **Selbstdisziplin,** kann durch das regelmäßige frühe Schlafengehen enorm gesteigert werden. Neben anderen Ursachen für frühzeitige Senilität kann auch die Einstellung, sich für einen »Abendmenschen« zu halten, dafür verantwortlich sein. Natürlich ist jemand, der abends nicht rechtzeitig ins Bett findet, am frühen Morgen müde. So werden manche Spätfernseher regelmäßig von ihrem Regenerationsbedürfnis überlistet, indem sie einen Teil des Programms vor Mitternacht verschlafen.

Abschließend kristallisiert sich zu diesem Thema ein Grundsatz heraus:

Alles, was uns geistig, seelisch und körperlich weiterhilft, stellt das Ergebnis guter Zeitnutzung = Energiegewinn dar, und umgekehrt.

Depressionen meistern

Noch nie hatten die Menschen so viel Freizeit zur freien Verfügung wie heutzutage. Das bietet einerseits einen großen Vorteil für die Weiterentwicklung, kann aber auch gefährlich sein. Die Gefahr der negativen Gewohnheiten ist hier beachtenswert. Man schlittert oft ohne Absicht und ohne sich darüber klar zu sein, in eine Routine, die schädlich werden kann. Eine Patientin, die an schweren Depressionen litt, berichtete mir von einer Gewohnheit, die zur Hauptursache ihrer Depressionen wurde: Als ihre Kinder erwachsen wurden und sie sich den Tag selbst einteilen konnte, kam es zu folgender Routine: Sie bereitete ihrem Mann in der Frühe im Schlafrock das Frühstück und kroch dann mit einer Tageszeitung und einer Tasse Kaffee zurück ins Bett. So vergingen die kostbaren Morgenstunden völlig inaktiv in Zeitverschwendung und Energieverlust; nach Jahren begannen Seele und Organismus zu streiken. Sobald sich die Patientin ihrer unheilvollen Angewohnheit bewußt geworden war, begann sie sich in der ersten Stunde des Tages etwas zu konzentrieren und wurde auf diese Weise von ihren depressiven Zuständen erlöst. Vor allem war durch ihre Gewohnheit die Intuition derart getrübt, daß es ihr nicht möglich war, eine neue Lebensaufgabe zu finden. Jedoch durch früheres Aufstehen und angestrengte Konzentration stellten sich zusehends die belohnenden Denkanstöße (Intuition) ein und führten sie zu einem neuen Ziel.

Ganz allgemein warnen uns Depressionen, daß mit dem Energiehaushalt etwas nicht stimmt. Normalerweise ist die Ursache Zeitverschwendung (andere Ursachen für Depressionen finden Sie in der Schrift »Depressionen meistern«). Ein Zeichen dieser Jahrtausendwende scheint zu sein, daß die Menschen anscheinend kaum noch Zeit für sich selbst erübrigen, trotz kürzerer Arbeitszeiten und zeitsparender Maschinen. In den USA erlebte ich Eltern, die mit ihren Kindern Termine für eine Besprechung ausmachen. Viele Menschen ertragen es nicht, allein zu sein, um mit sich selbst ins reine zu kommen. Aber geistig-seelisch gesehen sind wir ja niemals allein – und nur in der Stille können wir die Stimme Gottes in uns wahrnehmen. Viele Menschen treibt gerade diese Vorstellung in eine Betriebsamkeit, also Zerstreuung – andernfalls könnten sie ja ihrer eigenen Schwächen gewahr werden!
Sich permanent Zeitdruck ausgesetzt zu fühlen läßt sich als Warnsignal dafür ansehen, daß man sich allzusehr mit unwesentlichen Dingen beschäftigt.

Eine ganz entscheidende Hilfe, die auch im Kapitel »Konzentration« erwähnt wird, ist die *Tagesplanung*. Solch ein Plan sollte für den Tag, für eine Woche und für einen Monat aufgestellt werden. Um die Prioritäten leichter zu erkennen, wäre es vorteilhaft, die notwendigen Tätigkeiten nach ihrer Wichtigkeit aufzureihen.

Tatsächlich haben viele Menschen mehr Probleme mit richtiger Zeitnutzung als mit irgendeiner anderen Charaktereigenschaft, weil diese Schwäche sich wie ein Chamäleon tarnt. Mit der Vorstellung, vermeintliche Nächstenliebe zu üben, kann sich ein Aufopfernder unter falschen Voraussetzungen selbst zerstören.
Jede Seele hat bei ihrer Geburt auf der Erde ein bestimmtes

Energiepotential zur Verfügung. Dieses Quantum hängt von der seelischen Entwicklungsstufe und dem individuellen Fleiß ab. **Die positive seelische Leistung zieht Energieeinheiten an, jedes negative Verhalten bewirkt einen Abzug an Energie im Energiehaushalt eines Individuums.**

Durch die Naturgesetze ist genau bestimmt, was und wieviel eine Seele entwicklungsbedingt leisten kann. So ist z. B. eine Mutter mit der Erziehung von zwei bis drei Kindern unter zwölf Jahren ziemlich ausgelastet. Indem Eltern Kindern zum Leben verhelfen, übernehmen sie die verantwortungsvolle **Verpflichtung**, diesen die seelische Weiterentwicklung zu ermöglichen. (Sie lesen darüber Näheres in der Schrift »Kindererziehung«.)
Da nun viele weibliche Seelen seit Jahrhunderten das Problem der Aufopferung – ein Mutproblem – bearbeiten, warten nicht selten schwere Prüfungen auf diese Frauen. Nur ein Beispiel: Ein Elternteil der Mutter oder des Vaters wird pflegebedürftig. Die Mutter mit mehreren kleinen Kindern nimmt die erkrankte Großmutter oder den Großvater zu sich ins Haus, um die Pflege selbst zu übernehmen. Nach einiger Zeit entstehen durch übermäßigen Arbeits- bzw. Energieaufwand – in nächtelangem Wachsein manifestiert – bei der Mutter Depressionen; nicht selten schließen sich psychosomatische Krankheiten, wie Verdauungsstörungen, Migräne, Rücken- oder Hüftprobleme, an. Zwangsläufig werden Ehe und Familie vernachlässigt, da die Frau nicht genügend Zeit, also Energie besitzt, um allen gerecht zu werden. Daneben kommen die Kinder in der Schule nicht mit. Der Großelternteil wird immer hilfloser, da die Mutter zusehends selbst erkrankt und arbeitsunfähig wird. Eine geschulte Pflegekraft, nicht im selben Haus mit den Kindern, ist in diesem Fall erforderlich. Man sollte dazu einen seelischen und auch finanziellen Beitrag leisten, ohne Eng-

pässe zu fürchten, denn bei vernünftigem Einsatz von Geld und Energie kommt die Ausgabe aufgrund des Waltens der Naturgesetze in irgendeiner Weise wieder herein. Zur Erklärung: Das menschliche Nervensystem ist nur begrenzt belastbar, und für Eltern kleiner Kinder ist deren Erziehung oberstes Gebot. Die Krankenpflege weiterer Personen – und habe man sie noch so lieb – sollte Geschulten überlassen werden, die dies hauptberuflich machen und somit die optimale Pflege garantieren. Wir können dem Erkrankten trotzdem unsere Liebe beweisen, in Form von Briefen, Anrufen und Besuchen, die ihn und uns innerlich aufbauen.

Zeit, gleich Energie, muß und soll besonders eingesetzt werden, wenn Krankheit als ein Warnsignal den Organismus befallen hat. Herauszufinden, welche Schwäche die Seele bearbeitet, kostet Zeit, Energie und auch Geld. Aber nur mit Gründlichkeit kann eine Krankheit ursächlich und dauerhaft geheilt werden. Denn dank der wesentlichen Eigenschaft der menschlichen Seele, nämlich des

freien Willens

ist jede Krankheit heilbar, wenn die Seele die entsprechenden Schwächen bearbeitet, also die nötigen Umstellungen vornimmt. Eine »Heilung« mit Tabletten, Pillen, Spritzen oder Operationen stellt meistens lediglich eine kurzfristige Betäubung dar, die Illusion eines Heilseins, erreicht durch Symptomverschiebung. Natürlich gibt es Ausnahmen, etwa bei Unfällen, Brüchen, akutem Blinddarm usw. – aber es gilt auch hier, nach dem seelischen Grund des Mißbefindens zu fragen; sonst werden wir zu sogenannten Pechvögeln, die nie nach der Ursache des »Pechs« forschen und sich so in die Kettenreaktion »dauernden Pechs« verstricken.

Den Organismus zusätzlich mit chemischen Substanzen störend zu belasten kostet ihn viel notwendige Energie, die effektiver angewandt wäre, um die Krankheit mit seelischen und natürlichen Mitteln zu behandeln. Eine ganzheitliche Auffassung von der Natur als Geschenk Gottes läßt uns die Naturgesetze respektieren und verhilft so zu dauerhafter Heilung.

Zeit – als reine Energie unser kostbarstes Gut – sollte möglichst nutzbringend eingesetzt werden. Auch dem Universum und uns selbst steht zu einem bestimmten Zeitpunkt ein bestimmtes Maß an Energie zur Verfügung. Jedesmal, wenn wir mithelfen, dem Universum **Energie zu sparen**, strömt uns ein entsprechendes Quantum – gewissermaßen als Gegenleistung – zu. Diese uns allmählich bewußt werdenden energetischen Prinzipien geben uns die Richtlinien für optimales Verhalten, das schließlich Freude, Erfolg, Harmonie und gesundes Wohlbefinden nach sich zieht.

Teil II: Die Konzentration

Seit jeher bemühten sich Interessierte darum, eine Methode für mehr Erfolg oder Glück im Leben zu finden, um das auf diesem Planeten bisweilen schwere Dasein zu erleichtern. Verständlich – nur birgt dieses gutgemeinte Erleichtern nicht Gefahren in sich? Sind nicht bestandene Prüfungen und überwundene Probleme die sinnvollste und einzige Methode, unser geistig-seelisches Wachstum voranzubringen?
Viele verschiedene Methoden oder Theorien wurden schon ausprobiert: In vorchristlichen Zeiten, als die Menschen noch glaubten, daß sie den Göttern ausgeliefert seien, wurden, eben durch diese falsche Denkart bedingt, den Göttern Menschen- und Tieropfer als Geschenk dargebracht, um sie milder zu stimmen. Auch verschiedene Rituale und Zaubereien, die auf bestimmten Teilen der Erde heute noch ausgeübt werden, wurden inszeniert, um Götter zur Änderung einer negativ scheinenden Situation ins Positive zu bewegen.

Erst Moses brachte mit den Zehn Geboten Gottes den Menschen das erstenmal die Gesetze, Naturgesetze oder göttlichen Gesetze, um jene damals – vor mehr als 3000 Jahren – anzuleiten und ihnen zu zeigen, daß eine **Eigenverantwortung** im Sinne der Einhaltung oder des Brechens dieser Gebote existiere. Diese so notwendige Eigenverantwortung wird heute noch von vielen Menschen nicht erkannt oder gar abgelehnt. **Als Zufall und vorherbestimmtes Schicksal wird angesehen, was deutlich das Wirken des unausweichlichen Gesetzes von Ursache und Wirkung offenbart.** Aber schon vor 3000 Jahren wurde dieses wichtigste aller Gesetze mißverstanden, indem man meinte, zur Verurteilung anderer berechtigt zu sein. So faßte die zerstörende Denkart des »Auge um Auge, Zahn um Zahn« Fuß. In einigen nahöstlichen Ländern wird heute noch so gedacht, weshalb dort immer wieder Kriege unter diesem Vorzeichen stattfinden.

Das war auch einer der Gründe für das Erscheinen von Jesus Christus auf der Erde. Er wollte uns vom falschen Verstehen des Gesetzes von Ursache und Wirkung erlösen. **Nicht wir** sollen das Gesetz in unsere Hand nehmen, indem wir uns persönlich rächen, sondern wir sollen lernen, **dem Gegner zu vergeben,** indem wir Gottes gerechtem Gesetz von Ursache und Wirkung vertrauen und ihm das entsprechende Handeln am Gegner überlassen. Wir wurden – wie wir heute erkennen können – durch Jesus nicht von unseren Sünden (= Absondern vom Naturgesetz) erlöst. Nein, durch sein Lehren und sein persönliches perfektes Vorbild wurden uns von ihm die Richtlinien für **eigenverantwortliches** Verhalten nahegebracht! **Eigenverantwortung** heißt **auch Selbststeuerung unserer Willenskraft.**

Wir selbst – in Harmonie mit Gott und seinen Gesetzen – und niemand sonst sind unseres Schicksals Schmied! Deshalb läßt das Ziel unseres Handelns sich so umreißen:

Durch Erlernen der Konzentration erlangt man mehr

Selbstdisziplin → und dadurch wiederum mehr →
Selbstbewußtsein → und dadurch wiederum mehr →
Selbstsicherheit.

Der Mensch er-fährt, er-lebt durch sein Bemühen, daß er nicht das hilflose Opfer von Zufällen, Umweltgeschehen und Eingriffen anderer ist, **sondern daß er wirklich sein Schicksal in die eigene Hand nehmen und steuern kann!**
Nicht Zauberei und Hokuspokus machen unser Dasein erträglicher, sondern die richtige Art des Gebets – *die Konzentration.*

Denn:

Gott ist dauernd im Zustand der Konzentration.

Durch das Üben und Praktizieren der Konzentration können wir

Ihm näher kommen.

Verschiedene Vorbedingungen sind notwendig:

A. Die Vorbedingungen zur Konzentration

1. Denkanstöße und Denkprozesse

Bisher nahmen die meisten Menschen an, daß unsere Denkprozesse und Gedankengänge aus uns selbst kommen. Um nun unsere Denkvorgänge richtig verstehen zu können, müssen wir analysieren, wie Denkprozesse zustande kommen. Wir nehmen uns hier zuerst der Denkanstöße an.

Sie können auch Gedankenblitze, Ideen, Eingebungen oder Einfälle genannt werden. Es sind ganz feine Gedankenimpulse, die einen Denkprozeß oder Denkvorgang im Gehirn in Bewegung setzen. Wie wir mit einem solchen Denkanstoß umgehen, das hat mit unseren Charakterstärken und -schwächen zu tun.

Denkanstöße haben die Aufgabe:

a) Hilfe,
b) Warnung,
c) Belohnung,
d) Versuchung oder Prüfung zu sein.

Für jede dieser Gruppen führe ich Beispiele an, damit die Denkanstöße im Alltag leichter erkennbar werden.

Denkanstöße als Hilfe

Wir gehen etwas unachtsam die Treppe hinunter und stolpern. Oder wir rutschen im Badezimmer aus, weil wir keine Unterlage auf den Boden gelegt haben, bevor wir mit nassen Füßen

aus der Duschkabine gestiegen sind. – Auch beim unachtsamen Autofahren kann es gute Hilfen in Form eines Denkanstoßes geben. Jemand erschrickt z. B., wenn ein anderes Auto rücksichtslos überholt, was in diesem Falle heißt, daß wir »mit Gewalt« zur Aufmerksamkeit gerufen werden. Auf diesen »rücksichtslosen« Überholer zu schimpfen führt zu nichts – statt dessen dankbar sein; denn das Erschrecken brachte uns ja wieder zur Konzentration. (Wir bekamen einen Denkanstoß!)
Jeder Autofahrer hat sicherlich schon erlebt, wie er nach dem Vorbeifahren an einer Unfallstelle ruhiger, vorsichtiger und aufmerksamer fuhr. Auch dies ist als Denkanstoß anzusehen.

Denkanstöße als Warnung

Diese sind schon ernstere Hinweise und sollten deshalb größere Beachtung erhalten. Sie sind eine Art von Warnsignalen. Um beim Autofahren zu bleiben: Einen »Platten« zu haben nennen die meisten Menschen »Pech«, bringen ihn wieder in Ordnung und hinterfragen nicht: »Warum jetzt und hier?«
In beinah allen Fällen, die mir bekannt wurden, stellte sich heraus, daß man zu dem geplanten Ziel nicht hätte fahren sollen.
Dies hängt häufig mit einer der Charakterschwächen zusammen, wie etwa der Mutlosigkeit: Wir wagen es nicht, zu jemandem »nein« zu sagen, obwohl »nein« richtig wäre. Der »platte Reifen« unterwegs läßt das verdrängte Nein dann sichtbar, fühlbar werden – wenn wir gelernt haben, die Zeichen zu verstehen, zu deuten.
Ein schwerwiegendes Beispiel ist ein gebrochenes Bein oder ein gebrochener Arm als Warnungs-Denkanstoß. Im Fall des »Platten« läßt sich noch rechtzeitig bedenken, ob umgekehrt werden sollte – es war ja eine Art »Vorwarnung«. Beim gebrochenen Bein oder Arm gab es sicher eine Vorwarnung, die

nicht wahrgenommen wurde, so daß die Naturgesetze aktiv eingriffen. Warnungen als Denkanstöße haben oft symbolischen Charakter. Sie bedeuten z. B. das Loslassen von einem Menschen, an dem man nicht festhalten sollte, oder von einer Sucht, einer Sekte oder einer anderen Art von Abhängigkeit. Dieses Loslassen-Sollen kann oft durch Hand- oder Armverletzungen als solches leichter erkannt werden.

Die schwerwiegendste Art von Denkanstößen stellen Krankheiten dar. Da **alle Krankheiten** ausnahmslos seelischen Ursprungs sind, ist die tiefere Ursache stets auf einen oder mehrere seelische Mängel zurückzuführen. **Krankheiten sind daher immer als positive Hilfe, eben als Anstoß zum Denken, zum Nachdenken über die eigenen seelischen Schwächen anzusehen.**

Denkanstöße als Belohnung

Wir erhalten Denkanstöße als Belohnung, vor allem nach intensiver Konzentrationsübung, in der ersten Stunde nach dem Aufstehen. Das heißt, wir haben uns durch angestrengte Übung zusätzliche Energie verdient. Eine ganz besondere Belohnung sind Denkanstöße beim Verfassen etwa eines Briefes, eines Artikels, eines Buches oder beim Planen und Entwerfen größerer Projekte. Man ist dann äußerst kreativ und brilliert durch außergewöhnliche Einfälle. Die wertvollste Belohnung als Denkanstoß stellt die **Intuition** dar: Während eines Vortrags oder beim Erklären eines komplizierten Sachverhalts fallen uns anschauliche Beispiele ein, die anderen das Verstehen erleichtern. Auch kleine Impulse können belohnend sein: Plötzlich erinnert man sich eines Schlüssels, Schmuckstücks oder ähnlichem, das man an einen inzwischen vergessenen Platz gelegt hatte! Das Verlegen läßt sich darauf zurückführen, daß man den Schlüssel konzentrierter hätte ablegen

sollen, so daß man sich bewußt ist: »Hierhin lege ich jetzt den Schlüssel.«
Weitere Gedächtnishilfen: Ein dringend zu erledigender Anruf, der Geburtstag eines Freundes oder ähnliches fallen mir im richtigen Augenblick ein – auch eine Form der Belohnung. Besonders wertvoll sind diese Gedächtnishilfen bei der Arbeit; sie vermitteln uns die Sicherheit, uns auf unsere Intuition verlassen zu können, was wiederum unser Selbst-Bewußtsein anhebt. Das »Selbst« als »höherer Geist« ist der kosmische Anteil in uns, dessen wir uns allmählich bewußt werden.

Denkanstöße als Versuchung oder Prüfung

Fast die Hälfte aller Denkanstöße kommt in Form von Versuchungen als Prüfungen auf uns zu. Ohne diese wäre jegliche Weiterentwicklung – sprich eine Charakterschwäche zu bearbeiten – nicht möglich.
Eine der häufigsten Versuchungen attackiert unsere Selbstdisziplin. Ein Beispiel: Schaffen wir es, ein ungesundes Nahrungsmittel abzulehnen? Das hängt sowohl mit Mut als auch mit Selbstdisziplin zusammen.
Auf allen Gebieten der Charakterbildung gibt es Versuchungen. Die Ehrlichkeit wird immer wieder zum Ziel einer Prüfung: Benutzen wir **Ausreden oder Notlügen?** Es gibt kaum eine Not, die eine Lüge rechtfertigen würde. Wir haben nur noch nicht die diplomatische Fähigkeit ausreichend entwikkelt, eine harte Tatsache ohne zu verletzen mitzuteilen.
Besonders oft werden wir auf die Probe gestellt, ob wir **ehrlich zu uns selbst sein** können. Dabei tauchen Versuchungen auf, anderen Schuld »in die Schuhe zu schieben« oder sonst irgendeine bequeme Ausrede zu verwenden – was schließlich in Selbstbetrug mündet! Unter Umständen werden wir dazu verleitet, auf jemanden zornig zu sein oder negativ über ihn zu sprechen. Aber auch das stellt nur das Spiegelbild einer

eigenen Schwäche dar, die man bei **sich** beseitigen soll, statt sie bei anderen in Angriff zu nehmen.

Die schwierigsten Versuchungen und Prüfungen sind jedoch die Denkanstöße der **Sorgen.** Oft kommen sie mitten in der Nacht, und aus einer anfänglich kleinen »Mücke« wird in der Dunkelheit ein »Elefant«. Während der Nacht und besonders der Stunden der Regeneration sollten prinzipiell keine Probleme gewälzt werden, da während der falschen Zeit keine richtigen Antworten zu erwarten sind. Sich z. B. über heranwachsende Kinder Sorgen zu machen bringt diese durch das Übertragen solcher negativer Gedankengänge nur in oft noch größere Schwierigkeiten.
Bei Sorgen-Denkanstößen kann man die negative Wechselwirkung derartiger Denkprozesse ausgezeichnet beobachten: Nach dem negativen Anstoß »Die 15jährige Tochter fährt **allein** nach Hamburg! « gehen der Mutter statt des notwendigen Gottvertrauens negative Gedankenblitze durch den Kopf: »Verführer!«, »Diebe!«, »Falsch umsteigen!«, »Tasche liegenlassen!«, »Drogenhändler!«, »Zug entgleist!«. Allzu häufig werden viele Stunden mit solchen Gedanken verbracht und kostbare Energie verschwendet.

Sorgengedanken ziehen tatsächlich das Negative an, so daß ein Sorgenaussender zum selbstbestätigenden Propheten wird. So zum Beispiel der negative Impuls vor einer dringenden Besorgung: »Sicher wird wieder kein Parkplatz frei sein! « Wenn wir uns schon derartig negativ vorprogrammieren, ist mit höchster Wahrscheinlichkeit dann auch keiner frei. Das Gesetz von Ursache und Wirkung besagt: Gedanken sind kraftvolle Schwingungen, also Energie, die dieses Ereignis erzeugt haben. Es geschieht wie im Computer: Man drückt auf den Knopf »kein Parkplatz«, und das Resultat muß der Eingabe entsprechen. Sorgen sind ein Zeichen mangelnden Gottvertrauens und damit auch ein Zeichen mangelnden Selbstvertrauens. Diese zwei Eigenschaften, Gottvertrauen und Selbstvertrauen, sind eng miteinander verbunden und sollten gleich stark entwickelt sein. Mangelndes Selbstvertrauen, durch fehlerhafte Bearbeitung seelischer Schwächen verursacht, zieht schwaches Gottvertrauen nach sich. Der Geist, unser innerstes Wesen, weiß, daß unsere seelische Antenne dann nicht nur Gutes »von oben« erwarten kann, sondern durch die eigene Schwäche Negatives anzieht.

Die entscheidenden Versuchungen kommen vor allem von der Verstandesseite unserer Persönlichkeit – im Gegensatz zu unserem intuitiven Geist. Studieren Sie die darauf verweisende Graphik auf Seite 94 ein wenig: Die Verstandesargumente liefern logisch klingende Gründe, warum wir dieses oder jenes machen oder nicht machen sollen, und weil wir entweder zuwenig Willen oder zuwenig Mut haben, gehen wir darauf ein. Die »Mausefalle« schnappt zu, und **diese Verstandesargumente unterstützen nun unsere nachteiligen Eigenschaften.** Mit anderen Worten suggeriert die uns innewohnende Bequemlichkeit: »Ich habe keine Lust, an dieser Schwäche zu arbeiten« oder »Ich habe keine Lust, diese Abhängigkeit oder Gewohnheit loszulassen – sie gefällt mir ja«. Vor diesem falschen Argument ist die Selbstdisziplin, welche mittels der Konzentration täglich in der ersten Stunde geübt und gestärkt wird, die Rettung.

Je eher wir dazu übergehen, uns mehr auf den **intuitiven Geist** als auf den Verstand zu verlassen, um so sicherer kann die ursprüngliche und einzige Quelle richtigen Wissens und richtiger Entscheidungen in uns wirken: die *Intuition.*
Die Intuition, der »heiße Draht« zu Gott und den Naturge-

setzen, die Fähigkeit, das Wissen des gesamten Universums zu empfangen und zu erarbeiten, kann außer durch das Üben der Konzentration hauptsächlich durch das innere intuitive Hören auf die kosmischen Sender sensibilisiert werden.

Also nur ein demütiges »Dein Wille geschehe« kann unsere Fähigkeit zum Empfangen von Intuition intensivieren. **Schließlich sollten wir uns vor Augen halten, daß die Intuition das wichtigste aller Talente darstellt, das uns zu harmonischem, mit Gott und den Naturgesetzen gleichschwingendem Handeln befähigt. Letztlich heißt vergeistigter Verstand, logisches Denken mit intuitivem Wissen zu vereinen.**

Die wirkungsvollste Hilfe für alle seelischen Bearbeitungen, auch für das Verbessern der Konzentration, ist

»Geist und Verstand«

2. Der Wunsch

Wünsche in allen **seelischen** Bereichen – also nicht einen goldfarbenen Mercedes wünschen! – tragen bis zu 99% zur seelischen Arbeit bei und gewähren eine vermehrte Energiezufuhr.

Wünsche, in angemessener Form formuliert, enthalten mächtige Energieschwingungen. Daher ist es unumgänglich, genau zu überprüfen, was man sich wünscht. Denn Wünsche, die **nicht** zu unserem Vorteil sind, gehen trotzdem oft in Erfüllung und werden Anlaß zu harten, leidvollen Prüfungen. Denken Sie an den Pakt des Goetheschen Faust mit Mephisto.

So wünschte sich etwa eine Patientin, in zweiter Ehe mit einem Alkoholiker verheiratet, ein Kind. Sie hatte dann – sage und schreibe – fünf Fehlgeburten, beharrte aber weiterhin stur auf diesem als falsch signalisierten Wunsch, der – nach den Regeln der Gedankenkraft – schließlich Wirklichkeit wurde: Sie brachte ein geistesgestörtes Kind zur Welt. Wann und wie können wir eingreifen, um ein Entgleisen in die Bereiche unangebrachter Wünsche zu verhindern? Das Beachten der Warnsignale und das Hören unserer inneren Stimme – Intuition – sind der erste Schritt, vor allem jedoch das demütige Wahrnehmen und konsequente In-die-Tat-Umsetzen der Warnsignale, die wir alle deswegen ja vor dem Hereinfallen auf gefährliche Wünsche erhalten, können uns vor schmerzhaften Erfahrungen bewahren.

Dieses Er-fahren, im Gegensatz zum Ver-fahren, erfordert dauerndes Training, bis wir erkennen: **Die richtigen Wünsche tragen zur Verbesserung unserer Seele und unserer Gesundheit bei.** Unser kleines Ego, das »Ich-Ich-Ich«, das kein anderes Ziel kennt, als uns im Bereich unserer Mängel festzuhalten, indem es stets neue falsche Wünsche produziert; aber auch dies kann überwunden werden, indem wir uns sagen:

»Schau, das bringt uns nicht weiter in unserer Entwicklung«, und nach Möglichkeit neutral bleiben.
Neutral zu sein gegenüber unserem kleinen Ich bedeutet, jedem Wunsch den Zusatz beizufügen: **»Wenn es Dein Wille ist.«** Denn nur, wenn sich **Gottes** Wille in einem Wunsch ausdrückt, wird unser Handeln gut, weil wir das Vertrauen erworben haben, daß die göttliche Kraft das Beste für uns will und uns führen und leiten möchte, damit wir den roten Faden der Aufwärtsentwicklung nicht aus den Augen verlieren. Dann bringt unser Tun Energie, und wir fühlen uns glücklich.
Eine kleine Hilfe hierfür:
Vor der Konzentrationsübung still in sich **den Wunsch** äußern: »Ich möchte mich besser konzentrieren können.« Die zusätzliche positive Energie dieses Wunsches veranlaßt die innere Öffnung für unsere Bemühungen.
Wir sehen schon beim Überwinden unseres »Ich-Ich-Ich«, wie entscheidend die Konzentrationsfähigkeit von unserem Bemühen um ständig mehr Objektivität und Neutralität abhängt.

3. Objektivität und Neutralität

Objektiv zu sein bedeutet, Abstand vom »Ich-Ich-Ich« zu halten mit der ständig präsenten Frage: Was ist nach Maßgabe Gottes und seiner Naturgesetze richtig? Immer schieben sich zuerst vor eine Entscheidung oder Beurteilung einer Sachlage **persönliche** Wünsche, Ansichten oder Vorurteile in den Vordergrund, bis wir verstehen, das kleine ich dem großen Ich einzufügen, um dem Wirken der führenden Naturgesetze Raum zu geben.
Wir sollten, um damit Erfolg zu haben, freilich auch einige spezifische Schwächen kennen. Diese nachfolgend erklärten

schwerwiegenden Fehler ließen sich als »siebenköpfiger Lindwurm unseres kleinen Ich« bezeichnen:

Sturheit

Sturheit stört am nachhaltigsten die seelische Entfaltung des Menschen und gleichzeitig das Zusammenleben mit anderen. Sie behindert die Fähigkeit zu kooperieren und stellt daher ein enormes Hindernis für Freundschaften und kollegiales Verhalten dar. Sturheit heißt, immer gleich »aber« oder »ja, aber« entgegnen zu wollen. Sobald jemand etwas vorschlägt – beruflich oder privat –, kommt flugs ein Gegenargument. Den Grad der Sturheit kann man daran ermessen, wie schnell das »aber« geschossen wird; man weiß ja schon alles – man will die Meinung des anderen nicht hören, nicht erwägen, will gar nichts überlegen, nicht kooperieren! Manchmal ist die Sturheit derart ausgeprägt, daß man den anderen nicht einmal aussprechen läßt! Die Konzentration wird durch diese Schwäche fast unmöglich gemacht, und sie stört, wie schon erwähnt, alle zwischenmenschlichen Beziehungen.

Wer mit dieser Schwäche behaftet ist und sie nicht zu bearbeiten versteht, kann Zwangsneurosen wie Putzsucht, Magersucht, häufiges Händewaschen, wie auch Entscheidungsunfähigkeit entwickeln. Ein junger Patient hatte solche starken Zwangsvorstellungen, daß er einen Weg wieder zurückgehen mußte, um zu »kontrollieren, ob er nicht etwa Babys zertreten hätte«, was an sich absurd klingt.
Die Sturheit geht häufig bis zu extremer Unflexibilität und zwingt schließlich zu unsinnigem Verhalten.
Durch bewußtes Wahrnehmen der Naturgesetze werden wir uns klar darüber, daß mangelnde Flexibilität oder Toleranz den Meinungen anderer gegenüber uns die Lebensschule nicht objektiv erkennen läßt. Ein sturer Mensch läuft wie mit

Scheuklappen durch das Leben; er hat eine begrenzte Sicht, was seine Aufnahme- und Lernfähigkeit erheblich einschränkt.
Sturheit – Gott und seinen universellen Gesetzen gegenüber – heißt buchstäblich, seinen Kopf gegen eine Wand zu schlagen. Die unweigerliche Folge ist seelisches und körperliches Leid.

Eifersucht

»Eifersucht ist eine Leidenschaft, die mit Eifer sucht, was Leiden schafft.« Jeder hat wohl mit der Treffsicherheit dieses Sprichworts seine Erfahrung gemacht. Bei näherer Untersuchung entdecken wir in den Motivationen zur Eifersucht Unterschiede.

Sie läßt sich vor allem in zwei Arten unterteilen:

Die erste Art:
Auf Personen bezogene Eifersucht.
Man glaubt, eine Person zu »besitzen«. Wann immer diese Person in Kontakt mit anderen gerät, löst das Ängste aus, innere Enge, Eifersucht genannt. Im Grunde handelt es sich um eine Art von »Nicht-loslassen-Wollen«, die sich darin äußert, demjenigen, den man zu lieben glaubt, keinen Spielraum zu lassen. Aber Liebe ist ohne Freiheit nicht vorstellbar, und Eifersucht kann manchmal geradezu als Warnsignal für die falsche Art von Liebe angesehen werden. Vor allem Abhängigkeit und Nicht-loslassen-Wollen verhindern eine harmonische Art der Liebe.
Abgesehen davon ist Eifersucht auch ein Hindernis für eine positive Ausstrahlung; denn Angst, jemanden zu verlieren, besitzt ja eine negative Schwingung: Unter ihrem Einfluß ist man mit einer negativen Elektrizität behaftet, was eine natürliche Anziehungskraft und unser spezifisches Charisma

eindämmt. Auf diese Weise wirken wir nicht überzeugend, da ja letztlich Eifersucht eine Form von Unehrlichkeit repräsentiert. Man möchte besitzen, was man nicht besitzen kann.

Diese Schwäche kommt nicht nur in Ehen häufig vor, sondern auch in Freundschaften und Eltern-Kind-Beziehungen. Sehr oft beobachte ich in der Praxis, daß beispielsweise Mütter ihre einzigen Söhne nicht loslassen wollen, was sich darin äußert, daß Schwiegertöchter geschickt vertrieben werden. Manche Mütter schaffen es, den einzigen Sohn bis ins hohe Alter »für sich allein zu behalten«. Sie erkennen die Schwäche nicht hinter ihrem Verhalten und daß dieses Besitzenwollen – wie jede Form von Egoismus – selbstzerstörend wirkt. Denn wer einem anderen die Möglichkeit zur Selbstentfaltung nimmt, wird aufgrund der Naturgesetze durch Energieentzug selbst eine Art von Entwicklungshemmung erleiden. Eine Partnerschaft, in der einer dem anderen nicht die Freiheit läßt, sein Privatleben und seine Weiterbildung selbst zu gestalten, ist unweigerlich zum Scheitern verurteilt. Gemäß dem natürlichen Prinzip: **Was wir besitzen wollen, müssen wir verlieren!**

Die zweite Art:
Eifersucht, die in Neid übergeht.
Das heißt, eifersüchtig oder neidisch zu sein auf das Können, Wissen oder den Erfolg einer anderen Person. Die richtige Verhaltensweise wäre hier, herauszufinden, **wie man selbst zu diesem Können oder Wissen gelangen kann.** Statt dessen versuchen eifersüchtige Menschen häufig, die nach ihrer Meinung Tüchtigeren durch abwertende Bemerkungen in ein schlechtes Licht zu rücken. Damit wird eine weitere, unheilvolle der sieben Schwächen herbeigezogen.

Negatives Kritisieren

Man sieht den »Splitter im Auge des anderen, aber nicht den Balken im eigenen«.

Wir kennen uns schon ein wenig damit aus, daß jeder Fehler, der uns an anderen stört, eine unserer eigenen Schwächen darstellt. Wenn wir also den anderen durch Kritik abwerten, meinen wir eigentlich uns selbst! Diese Eigenschaft wurde auch im Kapitel »Die Seele« und unter der Charaktereigenschaft »Positive Lebenssicht, nicht negativ kritisieren« (Seite 49) behandelt.
Negative Kritik ist neben der Sturheit die am nachhaltigsten störende Schwäche im Hinblick auf Freundschaften und andere zwischenmenschliche Beziehungen. Wie bei der Eifersucht wird auch beim Abwerten anderer die eigene gute Ausstrahlung negativ beeinflußt und gestört, wodurch man nicht mehr anziehend auf positive Menschen wirkt. Auch Eltern und Lehrer können einem Kind dessen Mängel in einer aufbauenden Form mit einem ruhigen Ton viel eher veranschaulichen, was als Hilfe dankbar akzeptiert wird, während negatives »Spiegeln«, dazu in erregtem Zustand mit erhobenem Ton, unweigerlich auf Gefühlsbarrieren stößt.

Hierher gehört auch das im Kapitel der Charaktereigenschaft Mut (Seite 36) besprochene Helfersyndrom, das ungefragte, folglich zwecklose Helfen. Können wir einem geliebten Menschen **besser helfen als Gott?** Er schafft für jeden von uns die momentan genau passenden Probleme, die zur Schulung und Förderung am geeignetsten sind. Greifen wir jedoch beim anderen **ungebeten** in die Erledigung ein, dann verändern wir die Situation, und die erforderlichen Lernprozesse bleiben dem Gegenüber versagt.

Die durch falsche Einmischung verschwendete Energie wird uns dann in Form von eigenen Problemen signalisiert. Andere eine wichtige, wenn auch manchmal harte Erfahrung machen zu lassen bedeutet, ihnen auf **richtige** Weise zu helfen.
So hat beispielsweise einer meiner fortgeschrittenen Schüler, ein junger Mann nach dem Abitur, in bezug auf seine weitere Berufsausbildung selbständig zu einem Entschluß finden wollen.
Nach einem ungünstigen Studienbeginn versuchte er sich für eine Banklehre zu bewerben. Er wurde nirgends angenommen, und als er endlich einmal doch zu einer Aufnahmeprüfung bei einer Bank zugelassen wurde, stand sein Vorname in weiblicher Form auf dem Schreibtisch, und beim Nachhausefahren mit dem Fahrrad riß die Kette ab. So konnte er **selbst erfahren,** wie diese Denkanstöße richtig auszuwerten sind, das heißt, die Banklehre als nicht vorteilhaft für ihn abzuhaken. Kurz darauf, als Belohnung für selbständige und intensive Arbeit, besonders auch auf dem Gebiet der Konzentration, erhielt er die Intuition für das für ihn optimale Studium. Das Nichteinmischen seiner Freunde und Familie hat es ihm leichter gemacht, auf interessante und erfahrungsreiche Art sein Ziel selbständig zu erreichen.

Um jeglicher Art von allzu kritischen Verhaltensweisen von vornherein zu begegnen, sollten wir beispielsweise, falls jemand über einen von uns geliebten oder geschätzten Menschen eine abwertende Bemerkung macht, Treue zeigen, indem wir nicht zustimmen, sondern unsere positiven Erfahrungen mit ihm ins Feld führen.
Eigene Schuldgefühle abstoßen zu wollen, indem man die Schuld »jemand anderem in die Schuhe schiebt«, verändert den Zustand nicht, sondern kostet doppelt Energie: Zu der ursprünglichen Schwäche der Schuldgefühle addiert sich dann

noch das negative Kritisieren. Der so Kritisierte weiß oft überhaupt nicht, wie es zu einer solchen Abwertung seines Verhaltens kommt, da er die Schuldgefühle des anderen nicht kennt.

Das abwertende Kritisieren an anderen fällt also problematischerweise immer auf einen selbst zurück; es entstehen danach oft somatische Beschwerden wie Zahnschmerzen, chronischer Husten, Arthritis, Rheuma und Dinge, die »schieflaufen« – das sogenannte »Pech«. **Die Selbsthilfe besteht aus einer Art »Gedankenhygiene«:** Negative Gedanken, die auf mich zukommen, erkennen und im Keim ersticken oder in positive Gedanken verwandeln – denn jede dunkle Seite hat ja auch eine helle! Das enthebt mich der Versuchung, das Dunkle an andere weiterzuschieben.

Intoleranz

Diese Schwäche gehört in die Obergruppe der Charaktereigenschaft **»Vergeben«**. Auch hier gilt als ausschlaggebende Hilfe, bei den eigenen Schwächen als Spiegelbild zu beginnen!

Wie erkenne ich meine Schwächen? Ich untersuche die **Schwächen** näher, **die mir bei anderen auffallen.** Sie zeigen mir den Weg in mein eigenes »Arbeitsfeld«, das heißt, den eigenen Balken aus dem Auge zu entfernen! Die »Balken« werden von unseren Schwächen vorgeschoben, die unsere Entwicklung beeinträchtigen.
Habe ich einen Balken beseitigt – was dann? Üben! Zum Beispiel versuche ich während der Nachrichten im Fernsehen – gewissermaßen als Training – einen mir unsympathischen Moderator oder Politiker so zu betrachten, als habe er mir privat gerade **das** vorgeschlagen, was ich seit langem ersehne. Oder wir sollten Abstand nehmen, als ob wir in einem Theater säßen und auf der Bühne einige Schauspieler verrückt spiel-

ten. Im täglichen Leben bemühen wir uns also darum, im »Zuschauerraum« zu sitzen, um genügend Abstand von der Bühne des Lebens zu bekommen. Überrascht erleben Sie nach diesem Eingriff, daß Ihnen der Betreffende gar nicht mehr so unsympathisch erscheint! Shakespeare sagte: »Das Leben ist eine Bühne.« Wenn wir von dieser Einsicht profitieren wollen, brauchen wir sie nur zu praktizieren und schonen dabei unser Nervensystem; denn schon Ereignisse mit einer gewissen Distanz zu betrachten, bringt Energie aufs »Konto«, mit der sich positiver handeln läßt als vorher.

Eine oft verbreitete Art der Intoleranz sind **Vorurteile** anderen Menschen gegenüber, ohne diese zu kennen. Sie können sich auf die Hautfarbe, die Klassenzugehörigkeit, das Aussehen oder die Sprache beziehen. Aber: Das einzig Entscheidende, nach dem aufgrund der Universal- oder Naturgesetze ein Mensch mit Abstand beurteilt werden darf, ist seine seelische Entwicklungsstufe. Und da nur wenige Menschen die Entwicklungsstufe eines anderen richtig einschätzen können, sind Werturteile möglichst zu vermeiden. In unseren zwischenmenschlichen Beziehungen haben wir als Maßstab, ob jemand für uns »richtig« ist oder nicht, vornehmlich nur die **Gefühle**. Sie kommen allein von Gott. Aber auch wer die Gefühle zur Kenntnis nimmt, darf kein Werturteil abgeben. Sogar eine nahe Freundschaft mit einer hochentwickelten Seele ist nicht immer günstig – sie kann Minderwertigkeitsgefühle auslösen. Für eine gute Verständigung sollte die seelische Entwicklung ähnlich oder fast gleich sein, damit kein Energieentzug eintritt, der beide schädigt. Auf verschiedenen Ebenen der Entwicklung sprechen wir natürlich »verschiedene Sprachen«, und zur Vermeidung von Mißverständnissen sollten wir – im seelischen Sinn – möglichst dieselbe Sprache sprechen – bei aller Verschiedenheit der Eigenschaften der Partner!

Noch ein Gesichtspunkt: Menschen verändern sich oft sehr schnell. Kann und soll man da ein Pauschalurteil abgeben? Wir wissen doch immer nur, wie jemand gestern war, bei unserer letzten Erfahrung mit ihm – abgesehen von den »Sturen«, die sich ja sehr langsam weiterentwickeln. Könnten wir nicht bei unserer letzten Erfahrung etwas in ihm in Bewegung gebracht haben? Wollen wir uns die Chance nehmen, diesen Erfolg zu bemerken? Wer viel reist, weiß, wie viele Mentalitäten es auf der Erde gibt. Auch aus diesem Grund ist der Planet Erde eine gute Lebensschule. Letztendlich heißt tolerant sein den anderen sich entfalten lassen, wie es ihm freisteht. Grundlegende Verbesserungen kann jeder nur in sich und an sich *selbst* herbeiführen! An sich **selbst** zu arbeiten und **das Spiegelbild des anderen als Hilfe zur Selbsthilfe anzunehmen** ist der optimale Weg zur Toleranz gegenüber anderen Menschen.

Immer recht haben wollen

Diese Schwäche führt in eine Art von Teufelskreis, der oft mit Minderwertigkeitskomplexen beginnt. Wer immer recht haben will, verstärkt seine Minderwertigkeitskomplexe – denn man kann nicht immer recht behalten. So ist auch ein Lehrer, der einen Fehler zugibt, bei seinen Schülern viel beliebter. Er zeigt mehr Souveränität als einer, der versucht, seine Fehler krampfhaft zu vertuschen.

Es gehört zu dieser Schwäche, sich unentwegt rechtfertigen zu müssen. Wenn jemand zu mir eine berechtigte oder auch unberechtigte Bemerkung über eine meiner noch nicht überwundenen Gewohnheiten macht, sollte ich es wenigstens schon mal schaffen, mich nicht zu rechtfertigen und zu verteidigen. Ich sehe ja schon ein, daß der andere recht hat – mir fehlt nur zum Tun noch ein Quentchen Selbstdisziplin. Zur Erläuterung folgendes Beispiel: Jemand fragt, wie lange man brauche, um zu Fuß eine bestimmte Strecke zurückzulegen. Eine Freundin antwortet: »Zehn Minuten«, die andere behauptet jedoch felsenfest, es wären nur fünf Minuten. Stellt sich später heraus, daß man tatsächlich zehn Minuten für diese Strecke braucht, sollte die letztere dies der Freundin gegenüber zugeben. Ein Besserwisser ist im allgemeinen nicht beliebt, weil er – bewußt oder unbewußt – andere immer zu Nichtwissenden degradiert, was niemand gern hört, auch wenn es vielleicht stimmt.

Pocht man nicht beharrend auf sein »Recht«, ist dies eine Demutsübung: Nicht das letzte Wort haben zu müssen stärkt das eigene Selbstbewußtsein, so paradox es auch klingen mag! Diese Schwäche gehört mit in die große Gruppe der Charaktereigenschaft Vergeben und läßt sich mit »Nichtzurückschlagen-Wollen« vergleichen. Hier spielt mit herein, daß wir dem anderen seine Meinungsfreiheit lassen und diesen in seiner Entwicklung nicht beeinträchtigen. Im allgemeinen hängt dies auch eng mit der negativen Kritik zusammen: Man kritisiert den anderen und unterstellt dabei, er habe unrecht.

Im Mittelpunkt stehen wollen – gelobt und anerkannt sein wollen

Wie ein schleichendes Gift wirkt diese Schwäche, denn sie ist sehr schwer zu erkennen. Die meisten Menschen glauben, gelobt und anerkannt werden zu wollen sei etwas ganz Natürliches und vollkommen gerechtfertigt. Hierher gehört ein Grundsatz: Wir wollen uns um unserer SELBST willen verbessern. Brauchen wir deshalb von anderen Lob und Anerkennung? Hindern sie uns nicht vielmehr, weil wir dann meinen könnten, wir seien schon o. k.? Daher sind Ziele wie Ruhm und Macht durchwegs selbstzerstörerisch. Wer danach strebt – meist ohne

das seelenschützende Hauptziel der eigenen Verbesserung –, wird ICH-SÜCHTIG und läuft Gefahr, Methoden anzuwenden, die der Seele schaden und Energie entziehen.
Geniale Geister wie Michelangelo, Dürer, Beethoven oder Einstein dachten niemals primär an Ruhm, sondern wollten selbstlos der Menschheit etwas Schönes oder Wichtiges zum Geschenk machen. Viele wurden ja auch erst nach ihrem Tod berühmt – denken wir an Mozart oder van Gogh, die beide zu Lebzeiten darben mußten. Natürlich, Kinder wollen oft gelobt und anerkannt werden; die Eltern sollten dies auch tun, um das Selbstwertgefühl der Heranwachsenden zu bestärken. Will man aber als Erwachsener immer noch gelobt und anerkannt werden, läßt das eine kindliche Unreife, also ein falsches inneres Motiv erkennen, das die wahre Sicht für die echten Werte des Lebens verschleiert. Diese Schwäche findet verschiedene Formen: Man läßt sich gern verwöhnen, man umgibt sich mit Leuten, einem sogenannten »Hofstaat«, denen es schwerfällt, Einspruch zu erheben. Man fühlt sich sozusagen als »König im eigenen Reich« und beschließt dadurch seine seelische Entwicklung.
Die **multiple Sklerose** ist eine typische Mittelpunkt-Steh-Krankheit. Durch sie zwingen die Naturgesetze eine Seele zu der Einsicht, daß sie sich systematisch selbst lähmt. Auch diese Krankheit ist **nicht unheilbar**, denn es kann keine unheilbaren Krankheiten geben, da Gott und seine Prinzipien gerecht sind. Wir müssen sie nur entdecken und anwenden – dann sind wir von unseren durch Unwissen verursachten Leiden erlöst. Es kann nichts unheilbar sein, wenn wir uns an die Naturgesetze halten.
Krebs ist ein Leiden, dem als psychisch wichtigste Hauptursache »im Mittelpunkt stehen«, »gelobt und anerkannt werden wollen« zugrunde liegt. Dabei stellt sich die Frage nach dem vernünftigen Maß: Ist Mittelpunkt-Denken zum Haupt-

motiv für all unser Handeln geworden? Die Naturgesetze werden dann zum Richter als Maßstab, wenn wir das angemessene Maß nicht selbst finden. Wir zahlen mit Energie – und aus dem Mangel entsteht der Störprozeß, den wir Krebs nennen, weil sich die Seele in Gefahr befindet, sich langsam rückwärts zu bewegen, fast unbemerkt, wie das namengebende Tier.
Bei multipler Sklerose und Krebs finden sich außer den bereits erwähnten seelischen Ursachen gewöhnlich noch ein paar andere psychische Schwächen und bilden gemeinsam quasi eine Zwangsjacke. Um damit fertig zu werden, bedarf es eingehender professioneller Beratung. Auch eine vitale Vollwerternährung, Entgiftung und Entschlackung des Organismus und der Aufbau des Immunsystems (beschrieben im Buch »Was Krankheiten uns sagen«) sind für den Heilungsprozeß unerläßlich.

Mitleid und falsches Pflichtgefühl

Wann immer wir mit anderen »mitleiden«, sind wir sozusagen ein Teil dieses gesamten Problems geworden – ohne das Problem verdient zu haben –, also unterziehen wir uns »freiwillig« der Leidensphase eines anderen! In einem solchen Fall sollte uns jedoch bewußt sein, daß wir durch unser Mitleiden **als Hilfe unbrauchbar geworden sind.** So wie die Zuschauer im Theater das **gesamte** vor ihnen ablaufende Schauspiel nur verstehen können, wenn sie im Zuschauerraum sitzen und nicht auf der Bühne »mitspielen«, so sollte es auch im Leben sein. Etwas mehr Abstand ermöglicht es uns, eine objektive Haltung einzunehmen. Mitleiden hingegen hemmt!
Falsches Pflichtgefühl bedeutet, daß wir unser Gefühl der Pflichtübung für unangemessene Sachlagen bzw. Personen verschwenden, weshalb dort unsere »Pflicht« nichts bringt und alles im Sande verläuft. Man gießt gleichsam Wasser in ein »Faß ohne Boden«. Beides, Mitleid und falsches Pflichtgefühl, stellen daher falsche Motive für Handlungen dar.

B. Die Konzentration als tägliche »Seelenhygiene«

Konzentration ist zugleich Ursache und Wirkung. Wie ist das zu verstehen?
Verbessern wir unsere seelische Leistung, fällt es immer leichter, sich zu konzentrieren. Auch umgekehrt gilt: Je größer das Bemühen um Konzentration, um so besser die allgemeine seelische Leistung. Graphisch sieht das so aus:

Ursache – – – – – – – –Wirkung

Gute seelische Leistung → Bessere Konzentration

Gute Konzentration → Bessere seelische Leistung

Seelische Leistung und Konzentrationsfähigkeit verstärken einander gegenseitig. Diese Wechselwirkung ist auch ein Anreiz, sich ständig um Konzentration zu bemühen. Erkenne ich nachher, **daß mein Bemühen um Konzentration in der ersten Stunde des Tages einen bewußteren, geordneteren und besseren Tagesablauf ergab**, stellt sich der Ansporn zu weiterer Konzentration automatisch ein.

Voraussetzung für erfolgreiches Üben der Konzentration ist ein harmonischer Lebensrhythmus. Um eine Vorstellung davon zu ermöglichen, beschreibe ich einmal ungefähr

Ein idealer Tagesablauf

Ein neuer Tag beginnt eigentlich schon um 18 Uhr am Abend des Vortages. Zwischen ca. 18.00 und 21.30 Uhr lohnt es sich, eine Art **Rückschau** über den bereits abgelaufenen Tag zu halten, also den Tag im Geist wie einen Film ablaufen zu lassen und zu versuchen, die eigene Leistung einzustufen, jedoch ohne Schuldgefühle für das, was weniger gut gelaufen ist! Als negative Gefühle behindern sie unsere Objektivität und Neutralität. Es geht ja, wie schon erwähnt, nicht um »Schuld«, sondern um »Schule«. Fehlentscheidungen sollten ausfindig gemacht und analysiert werden. Als Beispiele: Eine Mutprüfung wurde von mir nicht bestanden; oder ich ärgerte mich über jemanden, was bedeutete, daß ich mich über mich selbst ärgerte. Indem ich einen solchen Gefühlsvorgang nun in mein Bewußtsein hebe, kann ich schon aus den kleinen Fehlern viel lernen, und das Beherrschen kleinerer Fehler läßt dann auch größere nicht mehr aufkommen.
Um ungefähr 21.30 Uhr sollten wir zu Bett gehen, bereit zum Schlafen spätestens um 22 Uhr, da zwischen 21.30 Uhr und Mitternacht die intensivste Regenerationszeit für die wichtigsten Körperorgane liegt.
Besonders das Nervensystem und das Gehirn werden während der zwei bis zweieinhalb Stunden vor Mitternacht regeneriert. Diese Prüfung in Selbstdisziplin, den Tagesablauf rechtzeitig zu beenden, beeinflußt den ganzen Gesundheitszustand und die psychische Entwicklung nachhaltig. Durch dieses frühe Schlafengehen werden zusätzliche Einheiten von Energie »gespeichert«, die am darauffolgenden Tag mit mehr Schaffenskraft, besserer Intuition und Wohlbefinden belohnen.

Es wäre günstig, vom Weckruf unseres Geistes her – d. h. ohne Wecker – aufwachen zu können, da das äußere schrille Aufgewecktwerden durch den Wecker das Nervensystem belastet, und wenige Minuten später – etwa nach fünf Minuten – aufzustehen. Viele Menschen haben die Gewohnheit, sich noch eine viertel oder halbe Stunde im Bett herumzuwälzen und so den tatkräftigen Anfang des Tages hinauszuschieben. Der Wunsch nach Bequemlichkeit verleitet zu mangelnder Selbstdisziplin. Das **sofortige Aufstehen** ist natürlich eine Willensentscheidung, die Überprüfung unserer Selbstdisziplin; aber sie wirkt als eine Art **Zündung** für den ganzen Tag. Bald kann man herausfinden, daß der Ablauf des Tages davon bestimmt wird, ob wir gleich aufstehen oder nicht, da man die Konsequenz erlebt: entweder **Programm Nr. 1** oder **Programm Nr. 2.**

Programm Nr. 1 heißt: Der Tag wird ziemlich gut, ohne wesentliche Hindernisse, mit »offenen Türen« und geschärftem Erkenntnisvermögen für die Prüfungen des Tages, die man dadurch leichter zu bestehen vermag.

Programm Nr. 2 zeichnet sich durch Hindernisse aus, wie etwa: Warten, Zuspätkommen, Versäumen eines Termins oder Zuges, Mißverständnisse, kleinere und größere Ärgernisse und vor allem eine ungenügende Konzentrationsfähigkeit.

Nehmen wir an, es gelänge, zügig – als würden wir emporgezogen – aufzustehen: Wie sieht nun das Training der **Konzentration**

In der ersten Stunde

aus? Und warum gerade die erste Stunde? Während dieser ersten Stunde sind wir im allgemeinen ausgeruht und frisch regeneriert. Daher gelingt es zu dieser Zeit am leichtesten, sich zu konzentrieren und sich zu üben. Auch sind die alltäglichen Tätigkeiten wie

- Zähne putzen,
- duschen oder waschen,
- abtrocknen,
- rasieren,
- frisieren,
- Gymnastik machen,
- Bett machen,
- ankleiden,
- Frühstück herrichten und essen

seit Kindesalter zu einer Gewohnheit geworden, und wie bei allen Gewohnheiten haben wir die Tendenz, uns dieser Tätigkeiten gedankenlos zu entledigen – genauer ausgedrückt: Wir denken dabei an etwas anderes. Manche Menschen scheinen sich nicht einmal duschen zu können, ohne dabei gedanklich ein Problem zu wälzen, das wir nebenbei beim Duschen ohnehin nicht zu lösen in der Lage sind. Die Tätigkeit des Duschens an sich wird dann nur oberflächlich ausgeführt, und die Gefahr auszurutschen usw. ist dadurch erhöht. Vor Jahren zeigte einmal eine Statistik, daß 75% aller Haushaltsunfälle im Badezimmer und in der Küche passieren. Warum wohl?
Also sollten wir ein elementares Prinzip im Auge behalten:

Eine Seele kann nichts anderes als:
a) sich konzentrieren
b) Wünsche äußern
c) Entscheidungen treffen!

Wenn also jemand beim Zähneputzen, Rasieren, Anziehen usw. die Gedanken abschweifen läßt, dann ist eben die Seele dort, wo die Gedanken sind, beispielsweise ist man gedanklich – also mit der Seele – bereits im Büro oder beim Einkauf. Wer putzt die Zähne? Wer rasiert sich? Und wer kleidet uns an? Es ist eine Tatsache, daß alle körperlichen Bewegungen mit Hilfe der Naturgesetze durchgeführt werden, die den Anstoß dazu von unserer Seele durch unsere Gedankenimpulse bekommen sollten - in Bruchteilen von Sekunden. Ein Mensch kann ohne die Hilfe der Naturgesetze nicht einmal den Arm seines Körpers heben! Gedankenlose Gewohnheiten - mit einem Bein wackeln, an den Fingern oder Nägeln zupfen oder gar beißen - sind deshalb eine Art Zeitverschwendung, da aufgrund der immer wirkenden Naturgesetze auch diese Bewegungen zwar durchgeführt werden, aber durch deren Sinnlosigkeit ein Energieloch auslösen. Wenn wir also in Gedanken nicht bei einer Tätigkeit sind, müssen die Naturgesetze ganz allein - ohne die Mithilfe unserer Denkprozesse, die ja auch Energie sind - diese Tätigkeiten durchführen, und deshalb wird uns die dafür aufgewandte Energie abgezogen. Durch diesen Energieentzug sind wir während einer gedankenlosen Tätigkeit immer Gefahren oder kleinen Mißgeschicken ausgesetzt, die auch noch einen Zeit- und Energieverlust nach sich ziehen. Durch den Mangel an Konzentration wird also unser Energiekonto zusätzlich belastet.

Viele Leute fragen sich oft: »Aber warum sollen wir uns gerade bei diesen gewohnten und viel zu unbedeutenden Tätigkeiten konzentrieren?« Ich hole hier ein wenig aus, weil ein solches Scheinargument zu den Illusionen gehört, die unser Handeln falsch dirigieren, wenn uns die wahren Zusammenhänge nicht bekannt sind:

Wie der Tag beginnt, so wird er weiterlaufen! Wenn ich mich schon bei einfachen Tätigkeiten konzentriere, fällt es mir bei den schwierigeren Situationen im späteren Tagesablauf um so leichter. Daher wird der Verlauf der ersten Stunde zum Maßstab für den ganzen Tag.

Der Schlüssel für den Ablauf und – bestimmend – für den Erfolg des ganzen Tages, ist also der Ablauf der ersten Stunde, die sozusagen ein wichtiges Muster oder eine Art »Zündschlüssel« darstellt.

Mit der Art, wie wir die erste Stunde gestalten, sind Erfolg oder Mißerfolg in unsere eigene Hand gelegt. Der ganze Tag spiegelt, wie uns die erste Stunde gelungen ist – daher liegt im Sich-Konzentrieren eine geistige Macht.

Was bedeutet der Begriff konzentrieren?
Dem Wort »konzentrieren« liegt das lateinische »concentrare« (con = mit, centrare = zentrieren zum Mittelpunkt hin, zum tiefsten Inneren hin) zugrunde.
Wie so oft können wir schon in der Wortzusammensetzung die Bedeutung des Begriffs erkennen, wenn wir uns darum bemühen, unsere angespannte Aufmerksamkeit darauf zu verwenden, die eigene Mitte zu finden, was innerer Stabilität gleichzusetzen ist.
Uns auf unseren Mittelpunkt, Zentrum oder tiefstes Inneres zu besinnen bedeutet, Geist, Seele und Körper ganzheitlich einzusetzen.

Unser Geist ist das Verbindungsglied zu Gott und den Gesetzen des Universums (siehe Graphik auf Seite 94). Daher ist der Geist unser tiefstes Inneres und unser Zentrum, zu dem wir konzentrisch gelangen, wenn wir auch all unsere Gedanken darin sammeln. Dann sprudelt die Quelle der **Kreativität**, des »Schöpfens aus dem universellen Wissen«, was eben nur mit vollkommener Konzentration möglich ist. Jeder Künstler weiß dies; das bringt nämlich den göttlichen Funken zum Vorschein – das Genie, welches sich voll auf sein inneres Zentrum und damit auf den kosmischen Quellfluß für eine

Sache, ein Kunstwerk, eine Schauspielrolle oder eine Erfindung konzentriert. Verstehen Sie nun, daß es eine Illusion darstellt, gewissermaßen eine Verführung, zu glauben, die Zeit für irgendwelche Tätigkeiten ließe sich durch Gedankenabschweifung effektiver nutzen? Jede gedankliche Abschweifung entzieht uns Energie und hindert uns an optimaler Leistung.

Aber kehren wir zu unserer **»Ersten Stunde«** zurück. **Sich zu Konzentrieren heißt ja, mit vollem Denkvermögen bei jener Tätigkeit zu sein, die man eben durchführt.**

Alle abschweifenden Gedanken sind **Denkanstöße,** die als **Versuchung** von den Naturgesetzen gesandt werden, um uns zu testen, ob wir im **»Hier und Jetzt«** sind, also dabeisein wollen, oder lieber unsere Gedanken herumschweifen lassen. Wir verstehen jetzt die darin liegende Gesetzmäßigkeit: Alle unsere Probleme, die ja meistens in unseren Denkprozessen die Hauptrolle spielen, können nur dann wirksam und erfolgreich gelöst werden, wenn wir sie im vollen Zustand der Konzentration beleuchten, also mit der Quelle, unserem Geist, in Verbindung bringen. **In anderen Worten: Alle Probleme, über die wir nachdenken, während wir eine andere Tätigkeit durchführen, können nie zu den besten Resultaten führen.** Wir bekommen nämlich **nur dann** die optimale Lösung eines **Problems,** wenn wir dieses überdenken, **ohne dabei mit anderen Dingen beschäftigt zu sein!** Alle anderen Ideen oder Problemlösungen, die uns während einer anderen Tätigkeit, beispielsweise während des Autofahrens oder während der Nachtstunden, durch den Kopf schießen, sind niemals als optimale Lösungen, sondern Illusions- oder Ersatzlösungen anzusehen, die nicht erstrangig sein können. Damit soll erklärt werden, wie wir unsere **Intuition für die beste Lösung** von Problemen durch vorhergehende Übung der **Konzentration** verfügbar machen können.

Die **ablenkenden Denkanstöße**, die uns belästigen, während wir uns bemühen, uns zu konzentrieren, **haben aber auch ihre Bedeutung: Wir können daran unsere Schwächen ablesen!** Das sieht dann etwa so aus: Jemand, der sich öfters Sorgen macht, kann folgende ablenkende Denkanstöße erhalten: »Ob Inge wohl etwas gegen mich hat? Sie läßt mich nach meinem gestrigen Anruf noch warten!« Dieser Gedankengang zeigt eine gewisse Abhängigkeit, ein Nicht-loslassen-Können: Wir wollen unsere Mitmenschen immer gleich und sofort »zu unseren Diensten« haben. Aber diese Schwäche hat es an sich, gerade das zu verhindern, was wir erreichen wollen. Auch diesem gedanklichen Erzwingen-wollen liegt ein natürliches Gesetz zugrunde. Es äußert sich am auffälligsten, wenn uns ein gesuchter Name oder Begriff nicht einfallen will. Je mehr wir uns darauf konzentrieren, desto aussichtsloser wird es. Erst nach dem **Loslassen** fällt uns plötzlich das Gesuchte ein. Das ist zugleich ein Beispiel der falschen Art von Konzentration. Ganz fest an etwas Vergessenes zu denken ist gleichzusetzen mit einem Befehl nach »oben«, sofort diesen Namen zu belichten. **Aber durch das anstrengende, krampfhafte Nachdenken ist unsere Intuitionsleitung auf »besetzt« geschaltet und blockiert den Einfall.** Abgesehen davon ist dies ein guter Beweis, daß wir ursächlich nicht selbständig denken, sondern Denkanstöße erhalten, die dann erst unsere Denkprozesse in Bewegung setzen. Das oberste Ziel unserer Entwicklung jedoch ist es, den Zustand der vollen Konzentration zu erreichen, in dem wir zu keinen Fehlern mehr fähig sind.
Dies soll als ganz langfristiges Ziel – in Zusammenhang mit der Vollkommenheit – verstanden werden!
Auch während des Tages müssen Tagtraumgedanken abge-

wehrt werden. Hängen wir ablenkenden Gedankenanstößen nach, obwohl wir eine andere Tätigkeit durchführen, laufen wir Gefahr, irgendwelchen Versuchungen, negativen Gedanken, Sorgen usw. »auf den Leim zu gehen«. Wir geraten dann in Tagträume, die – wie wir wissen – an unserer Energie zehren, da sie unsere Schwächen unterstützen – ihnen fehlt ja der Quell, die innere Mitte (Geist).

Viele Menschen wollen wissen, was für eine Bedeutung **Träume** während des Schlafens haben.
In der Nacht zwischen 21.30 bzw. 22 Uhr und sechs Uhr früh werden die Körperorgane mit ihren Zellen mit Hilfe von Regenerationsenergie wieder aufgebaut (Stoffwechsel). Das Bewußtsein des Menschen soll dabei weitgehend ausgeschaltet sein, da wir nur tief und erholsam schlafen, wenn wir **nicht** träumen. Träume sind Signale, die uns warnen, wenn wir tagsüber durch zuviel Tagtraum die positiven Denkanstöße und daher unser Pensum der Lebensschule versäumt haben. Auch Angst- oder Alpträume sind ein Signal, daß die Seele Gefahr läuft, »steckenzubleiben«, weil der Mensch die Lebensschule nicht richtig versteht und sich daher seelisch nicht weiterentwickeln kann. Die tägliche Übung der Konzentration kann solche Träume vermindern oder sie ganz zum Verschwinden bringen.

In wenigen Ausnahmen gibt es Träume, die uns eine wichtige Nachricht – vielleicht eine bevorstehende Gefahr – übermitteln wollen. Ihre Bedeutung läßt sich auch daran ablesen, daß sie uns längere Zeit im Gedächtnis bleiben.

Ansonsten sollte man keine Zeit damit verlieren, Träume zu analysieren. Läge es im Rahmen der Naturgesetze, Träume deuten zu wollen, dann könnten wir uns besser und länger an sie erinnern. Gott hat es aber so eingerichtet, daß sich schon nach Bruchteilen von Sekunden der Inhalt eines Traums verändert. So haben die meisten Schlafträume - abgesehen von den uns warnenden - keine wesentliche Bedeutung.

Das wichtigste Ziel unseres seelischen Wachstumsprozesses besteht darin, immer *wacher* und *bewußter* zu werden; wir durchleben die Tagesschule mit unseren Stärken und Schwächen, um sie nach und nach gründlicher erkennen und bearbeiten zu können.

Das bewußtere Erleben führt auch zu umfassender Erkenntnis der Realität, wovor viele Menschen jedoch zurückschrekken; häufig bauen sie sich mit bunten Illusionen ihre eigene Traumwelt, in die sie sich wie in ein Schneckenhaus zurückziehen. Realität stellt das Handeln, Fühlen und Denken im Hier und Jetzt dar, und nicht ein Verhaftetsein im Gestern, Morgen bzw. Tagtraum mit der Frage: »Wie wäre es, wenn das oder jenes anders passiert wäre oder sein würde?« Diese Frage steht exemplarisch für die abwesende Haltung, die wir in solchen Momenten einnehmen.

Konzentrieren heißt also auch: **ganz in der** ***Realität*** zu sein, mit Geist, Seele und Körper bei dem zu sein, was wir gerade tun. Nur so können wir die Prioritäten herausfinden. Viele Menschen, immer halb im Tagtraum, haben die Gewohnheit, sich in Kleinkram und Nebensächlichkeiten zu verlieren. Sie schieben wichtige und unangenehme Dinge vor sich her, bis sie zunehmend schwieriger werden wie der anwachsende Schneeklumpen auf der Schneeschippe. Die Nebensächlichkeiten machen anscheinend mehr Spaß, sind leichter zu handhaben, meint unser bisweilen noch beschränkter Verstand und macht sich scheinbar vernünftigen Argumenten gefügig, die am eigentlichen Weg vorbei, in ein verspieltes Dasein und unweigerlich zu Problemen führen.

Damit das nicht geschieht, brauchen wir ein entscheidendes Talent, nämlich die **Tapferkeit** und das **Durchhaltevermögen.** Widerstehen wir solchen Versuchungen, welche uns vom richtigen Weg oder Ziel ablenken wollen, dann bauen wir dieses Talent aus.

Streß kommt niemals von außen, sondern stets durch unser Verhalten, wenn wir nicht fähig sind, zielstrebig den richtigen Weg, den Prioritäten gemäß, zu verfolgen. Es führen vor allem zweitrangiger Kleinkram und Nebensächlichkeiten, die uns ablenken, zu einer an sich unangenehmen Überforderung. Es gilt herauszufinden, **was jetzt im Moment vorrangig ist**, also andauernd zu überprüfen, wo die Prioritäten liegen, was im Augenblick das Wichtigste darstellt.
Nur das Training der Konzentration verhilft mir zu diesem souveränen Überblicken der Situation!

Die Tagesplanung

Auch die **Tagesplanung** ist ein Teil der ersten Stunde, die nicht nur zu müheloserer Konzentration führt, sondern auch zum besseren Wahrnehmen der Prioritäten des Tages und überhaupt des persönlichen Lebens. Konzentration, Tagesplanung und Prioritäten-wahrnehmen verhindern auch das kostspielige Verschieben dringlicher Tätigkeiten. Ein Verschieben führt meistens zum Vergessen oder zum Verpassen des optimalen Zeitpunkts, wenn nicht zum Unterlassen oder der völlig verfehlten Durchführung einer wichtigen Unternehmung.

Konzentration,
Tagesplanung,
Erkennen der Prioritäten,
Erledigen ohne Verschieben

führen zu sicherer Intuition. Sämtliche vier Eigenschaften haben letzten Endes mit **Selbstdisziplin** zu tun, dem entscheidendsten aller Talente zur seelischen Weiterentwicklung.
Wir brauchen Selbstdisziplin, um wesentlichen Intuitionen oder impulsartigen Denkanstößen sofort nachzugehen. Ein Beispiel aus eigener Erfahrung: Vor Wochen schon erhielt ich den Denkanstoß, für den Winter das Heizöl schon im frühen Sommer zu bestellen. Diese Art von Intuition erscheint oft wie ein Auftrag; ich werde getestet, mit wieviel Selbstdisziplin und Gottvertrauen ich dieser Intuition folge oder nicht. Eine Intuition über den Weg der Naturgesetze gleicht einem Energiegeschenk an mich auf Kosten des kosmischen Energiehaushalts. Falls wir solche Aufträge nicht sofort oder zum verlangten Zeitpunkt durchführen, wird uns diese Energie abgezogen, was später eine weniger präzise Intuition zur Folge hat. Meine Intuition sagte mir hier, der 9. Juli wäre eine gute Zeit, das Heizöl für den Winter einzulagern. Es erreichte mich nun ein Gegenimpuls wegen des hohen Geldbetrages, den ich für etwas anderes vorgesehen hatte, das im Moment wichtiger zu sein schien. Diesem Verstandesargument gab ich nach. Fast drei Wochen später, also am 27. Juli, hörte ich in den Nachrichten, daß die OPEC-Gesellschaften den Preis des Erdöls stark erhöht hatten. Mein erster Gedanke war: Das Positive im Negativen sehen! Wir müssen möglichst stark wünschen, bald einen umweltfreundlichen Ersatz für das Benzin zu finden. Der zweite Gedanke war: Oh, ich bin ja meiner Intuition nicht gefolgt, habe kein Heizöl für den 9. Juli bestellt! Als ich mich am Montag, den 30. Juli, nach dem Preis erkundigte,

erfuhr ich, daß er schon seit zwei Wochen steige. Meine Intuition drei Wochen vorher war also genau zum richtigen Zeitpunkt erfolgt! Das Verschieben kostete nicht nur viel Geld – am 2. August brach die Golfkrise aus, so daß der Preis nochmals anstieg, bevor ich den Tank füllen konnte –, sondern auch Energie wegen Mißachtung eines mir liebevoll gegebenen Hinweises. Es handelte sich also um einen Lernprozeß, von dem schon das Sprichwort sagt, daß er »Lehrgeld« koste!

Die Intuition muß man trainieren wie einen Muskel. Ungenutzt, nicht in die Tat umgesetzt, wird sie schwächer!

Praktische Durchführung der ersten Stunde

Die ersten Minuten nach dem Aufstehen haben eine Art **Hebelwirkung**; sie erleichtern oder erschweren den Rest der ersten Stunde.

Das Aufstehen sofort oder nach höchstens fünf Minuten, um »zu sich zu kommen«, gehört zu den wichtigsten Punkten dieser Hebelwirkung; hier entscheidet sich, ob wir **Programm Nr. 1 oder Programm Nr. 2** für diesen Tag erwirken. Die ersten Schritte nach dem Aufstehen erfordern besondere Aufmerksamkeit. Die meisten Menschen leben nicht allein in einem Haus, werden also rücksichtsvoll sein wollen, um keinen Lärm auszulösen. Wenn die ersten Schritte und Handlungen – Tür öffnen und schließen – bewußt und konzentriert getan werden, ist es immer leise genug, schlafende Mitbewohner nicht aufzuwecken.

Diese kleinen Tätigkeiten, auch wenn sie uns noch so banal erscheinen, eignen sich gerade deshalb gut zum Üben der Konzentration, weil wir sie seit unserer Kindheit tun. Aus nachlässiger Gewohnheit werden diese Handgriffe meist automatisch und besonders unkonzentriert durchgeführt. Mit automatisch – das wissen wir schon – ist das Betätigen der Hände ohne eigenes Zutun der Gedanken- und Willensimpulse gemeint. Im Grunde genommen sind wir damit immer noch wie kleine Kinder, die sich mit Hilfe intuitiver Energie, die besserer Dinge würdig wäre, die Zähne putzen, sich anziehen, das Bett und das Frühstück machen »lassen«! Gewiß – solange wir die Naturgesetze nicht als prägend erkannt haben, finden wir unser Verhalten in Ordnung. Nur vermindert das nicht die Folgen des Energieverhaltens, die ablaufen wie ein Uhrwerk, nur unsichtbarer: Wir *nehmen ein oder zahlen,* je nach der Qualität unserer Taten, bewußt oder unbewußt – das macht keinen Unterschied.

Wie ändere ich meine Gewohnheiten, wenn ich das Prinzip erkannt habe?

Allmählich suche ich mir für einige Wochen erst einmal eine einzelne Tätigkeit zum Üben heraus, bis ich diese von Anfang bis Ende voll konzentriert durchführen kann. »Voll konzentriert« heißt etwa beim Zähneputzen: Öffnen der Tube; Naßmachen der Zahnbürste; Paste auf die Bürste drücken, ohne daß die »Schlange« im Waschbecken landet; systematisches Putzen der Zähne, das ich auch bei jedem guten Zahnarzt lernen kann: Präzises Auf und Ab der Borsten von links nach rechts oder umgekehrt, erst außen, dann innen, danach die Kaufläche putzen, die Zwischenräume und die Massage des Zahnfleisches nicht vergessen. Wer seine Zähne so konzentriert unmittelbar nach jeder Mahlzeit reinigt, weiß, daß er kaum eine Zahnpraxis aufzusuchen braucht, außer zur Kontrolle.

Wenn man eine Tätigkeit schon gut konzentriert durchführen kann, was beim Zähneputzen maximal drei Minuten dauert, dann nimmt man eine zweite oder später eine dritte und

vierte Aktivität – z. B. Duschen, Abtrocknen, Ankleiden – dazu.
Ausschlaggebend ist hier **das tägliche Üben** (auch samstags, sonntags und auf Reisen). Natürlich erfordert es viel Selbstdisziplin.
Lasse ich mich mal einen Tag gehen, falle ich unter Umständen um einige Wochen zurück.
Dadurch, daß ich mir die Mühe mache, die Tätigkeit zu **wiederholen**, gelingt sie besser und setzt als Belohnung eine leichtere Handhabung der nächsten Tätigkeiten mit zusätzlicher Konzentration in Gang. So entsteht eine positive Kettenreaktion.

Anfangs hilft es, sich selbst zu benoten:
Voll konzentriert = Note 1;
eine Ablenkung mit sofortiger Rückkehr = Note 2;
mehrere Ablenkungen, aber wieder zurückkehren zu der Tätigkeit = Note 3;
nicht ganz bei der Sache = Note 4.
Ablenkungen darf ich nicht zu lange »auf den Leim gehen« – es sind Verführungen, die auf meine Schwächen zielen! **Die Ablenkungen zeigen mir also meine Schwächen.** Ich notiere sie Punkt für Punkt und erhalte so endlich ein Bild meines Innenraums, mit dem ich arbeiten kann.

Vielleicht sollte ich zusammenfassend noch einmal daran erinnern:
Alle Problemlösungen, die uns während einer Abspaltung des Denkens vom Handeln (also im Tagtraum) einfallen, stellen niemals optimale Lösungen, sondern illusorische Ersatzlösungen dar. Es ist so, als ob der »Empfangsdraht« verstopft wäre, wenn unsere Hände etwas anderes tun als die Seele. Das Beruhigende an diesen Gesetzmäßigkeiten und

überhaupt den Naturgesetzen ist, daß man sie immer wieder an sich erfahren kann und so die Bestätigung erhält. **Denn Selbsterfahrung ist die wirksamste Erfahrung,** die auch nicht unbedingt schmerzhaft sein muß.
Wenn wir uns im Tagtraum – also während anderer Tätigkeiten – Gedanken über Beruf oder Freundschaft machen, begegnet uns die Erkenntnis, daß wir auf diesen speziellen Gebieten Fehler machen. Dessen bewußt geworden, fällt es uns leichter, den verursachenden Fehlern auf die Spur zu kommen.

Wir sollten vor oder nach unserem Konzentrationstraining – das Insichgehen ist ja ein Dialog (mehr darüber auf Seite 125) – die jeweilige **Tagesplanung** erstellen, denn oft hängt die Planung des Tages eng mit den anstehenden Problemen zusammen. Auf jeden Fall hilft uns eine gute Planung, Konflikte besser und schneller als solche zu erkennen, bzw. trägt sie dazu bei, Problemen vorzubeugen. Durch gute Planung lassen sich auch die Prioritäten leichter erkennen, und überhaupt bringt sie Klarheit und Übersicht in unsere alltägliche Sphäre. Denn viele Probleme entstehen allein durch Verschieben oder Abwälzen lästiger Erledigungen auf später. Ein zu häufiges »Sich in Kleinkram verlieren« verschlüsselt zusehends das Wesentliche.

Die geplanten Aktivitäten eines Tages, nach Prioritäten geordnet, dürfen uns trotzdem nicht einengen, so daß wir **flexibel bleiben,** unvorhergesehene Ereignisse uns nicht aus der Bahn werfen. Das tägliche Training läßt uns bald unsere Tageseinteilung spielend handhaben, so daß sich Freude daran einstellt.

Das optimale Gebet

Die erste Stunde beinhaltet noch eine weitere wichtige Funktion – die ich schon angeschnitten habe: Während meiner vielen Jahre der Vortrags- und Seminartätigkeit wurde mir wiederholt die Frage gestellt: **»Wie ist es mit dem Gebet?«**

Erst wenn wir im Dialog mit den uns förderlichen Kräften den Sinn der **Seelenhygiene = Konzentration** erkennen, verstehen wir, welche Art von Gebet für eine Seele, die sich stetig weiterentwickeln will, angemessen ist.

Seit Menschen nachzudenken begannen, suchten sie nach der richtigen Methode, um mit Gott oder den höheren Mächten ein Gespräch zu führen, das Hilfe bringt. Viele Arten von Gebeten wurden und werden seither erprobt; für die Entwicklung unserer Seele ist ein regelmäßiger, immer bewußter werdender Kontakt mit Gott und den Naturgesetzen unbedingt notwendig. Dieses Gespräch ist möglich und erreichbar durch Fleiß und Selbstdisziplin.

Die Antwort auf unsere Gebete kommt in Form von *Intuition.* Brauchen wir Energie-Hilfe für die Lösung eines Problems, sollten wir nach »oben« **gezielte Fragen** senden. Dieses Fragen-stellen tritt heute an die Stelle des Bittens um göttliches Eingreifen in die Szene. Denn wie können wir tätige Hilfe von Gott erwarten, wenn wir uns nicht **zunächst bemühen, die Sache selbst in die Hand zu nehmen?** Eine Frage zu formulieren und auch schriftlich niederzulegen in der Absicht, selbst handeln zu wollen, zieht Energie an. Das Frage-Gebet in die erste Stunde einzubauen hat gewissermaßen »Gold im Munde«, wie schon sprichwörtlich erfaßt:

1. Nach einigen Perioden des Trainings in Konzentration setzen wir uns, sobald wir mit der Morgentoilette fertig sind, um den Tagesverlauf zu **planen.**
2. Die Planung führt automatisch in unsere **aktuellen Probleme,** die gelöst werden wollen: Da hat jemand das starke Gefühl, seinen Beruf ändern zu müssen. Er sollte nun um präzise Eingebung (= Intuition) bitten, welche Berufsart für ihn vernünftig wäre. Das erfordert komplizierte und entscheidende Änderungen. Indem wir erst eine Vorleistung erbringen, beispielsweise Informationen über Umschulungsmöglichkeiten einholen, verschaffen wir uns einen Überblick. Auf diese Weise motiviert, fällt es uns nun leichter, die optimale Stelle ausfindig zu machen. Auch **Geduld** gehört dazu – die Antwort auf eine so schwerwiegende Frage braucht genügend Zeit (= Energie), die wir selbst benötigen, weil eine intuitive Antwort häufig auch einer gewissen Zeit zur Entscheidungsfindung bedarf.
3. Eine andere Fragestellung innerhalb des Gebets sollte sich auf unsere **seelischen Stärken und Schwächen** richten, besonders auf das Erkennen unserer spezifischen Schwächen: Beispielsweise stellt sich Mut nicht im richtigen Augenblick ein; Ärger dringt unverdaut nach außen; die Zeitplanung bleibt Theorie usw. Richtet sich die Frage im Gebet auf eine solche Schwäche, so wird an jenem Tag diese nachteilige Eigenschaft durch zusätzliche Prüfungen verdeutlicht wie durch ein Vergrößerungsglas. Wir bekommen besondere Gelegenheiten, an dieser Schwäche zu arbeiten. Somit werde ich nicht erstaunt oder unglücklich sein, wenn ich nun alle naselang schwierige Probleme lösen muß – ich brauche ja Gelegenheiten, meine Unzulänglichkeiten anzugehen! Oft erkenne ich eine Schwäche erst, wenn ein Problem zu lösen ist, das besonders schwierig erscheint. Das Wort »scheinen« spielt hier die aus-

schlaggebende Rolle; denn ein Problem muß **auf mich** schwierig wirken – um mich zu erhöhtem Aufwand zu motivieren. Die wiederholte Erfahrung unsere Konflikte selbst überwunden zu haben, führt zu mehr Selbstvertrauen und Energie.

Also der stärkere Widerschein des Spiegelbildes meiner Schwäche gibt dem Problem den Anschein größerer Schwierigkeit: Wenn wir uns dies vor Augen führen, nehmen wir den tieferen Sinn des täglichen »Schauspiels« wahr, wodurch wir die uns gestellten Probleme leichter meistern.

Nur wenn wir fragen, erhalten wir auch Antworten. Deshalb ist **das Fragen-Gebet** vor kleineren wie größeren Entscheidungen eine gute Angewohnheit: »Was soll ich tun? Was ist hier richtig?« In diesen Fragen äußert sich die **Demut**, sich dem Willen Gottes fügen zu wollen. Es ist ein persönlicher Energieeinsatz, den wir auch als *Fleiß* bezeichnen; er wird, indem wir uns ganz öffnen, durch eine leichter als solche erkennbare Antwort – **bessere Intuition** – belohnt. Auch hier gilt, daß wir uns alles durch angestrengte Bemühungen verdienen können.

Das kurze Niedersetzen und Notieren kann auch, wenn nötig, noch zwei- bis dreimal während des Tages eingebaut werden, falls etwas besonders Schwieriges anfällt. Gute Wirkung hat auch ein letztes Studieren der Notizen abends zwischen 18 und 21.30 Uhr (also kurz vorm Schlafengehen), um nochmal **Rückschau** zu halten. Da lasse ich vor meinem inneren Blick den Tag wie einen Film abrollen und mache mir Gedanken – *ohne Schuldgefühle* –, was gut gelungen ist und was weniger.

Ich durchdenke schwierige Situationen gewissermaßen in

Zeitlupe, um dann **den Wunsch zu äußern** (der 99% der Arbeit darstellt), das nächstemal die gleiche oder ähnliche Situationen besser zu meistern. Auch das tägliche Gefühl der **Dankbarkeit** für die tägliche Hilfe ist ganz wichtig! Diese Art der Problembewältigung erübrigt an sich **überflüssige Schuldgefühle:** Denn die »direkt« angezogene positive Energie erspart den Umweg über Schuldgefühle. Schließlich ist das Leben eine **Schule** und alle Situationen darin sind als *Lernprozesse* zu verstehen. Warum sich daher schuldig fühlen? Schuldig sind wir Gott und uns selbst, unser Dasein fest in die Hand zu nehmen, indem wir uns auf den Weg der Vollendung begeben und jede Störung darauf zu überwinden versuchen.

Die Rückschau ist eine angenehmere Methode, eine Schwäche anzugehen, als Schuldgefühle; denn wie wir alle wissen, können wir im Nachhinein ziemlich leicht feststellen, was wir falsch gemacht haben, und damit Energie anziehen, während uns Schuldgefühle Energie entziehen.
So wird das Gebet am Morgen, zwischendurch und am Abend schließlich mehr und mehr zum vertrauensvollen **Gespräch mit Gott** – wir vollziehen so seinen schon in biblischer Zeit gegebenen Hinweis »Bete und arbeite« und brauchen dazu kein besonderes Ritual.

Das Loslassen

Die Fähigkeit, sich zu konzentrieren, intensiviert sich, wenn wir auch bewußt lernen, **Probleme nach dem Gebetsdialog mit Gott vollkommen loszulassen.** Es gibt nichts Lähmenderes, als sich tagsüber beim Arbeiten immer wieder in Gedanken mit Problemen zu beschäftigen, die nicht mit der momentanen Aufgabe in Beziehung stehen. Da verfallen wir wieder

dem Tagtraum und öffnen den lauernden Versuchungen Tür und Tor. Diese Verschwendung an Energie vermeiden wir, indem wir das Problem von uns ablösen, nachdem wir es im Frage-Gebet Gott übergeben und um Hilfen zur Selbsthilfe wie Denkanstöße, Intuition, Gefühle usw. gebeten haben. Dann gebe ich den ganzen Komplex wie ein Paket auf die »Post« (Gott und Naturgesetze), die es nun weiter behandelt. Somit habe ich die optimale Verfahrensweise gewählt, denn **ein Problem kann nur dann richtig gelöst werden, wenn dies zur richtigen Zeit geschieht. Die richtige Zeit ist diejenige, in der ich nichts anderes tue, als mich ganz auf das anstehende Problem zu konzentrieren.** Nun ist mir bewußter geworden, worum es dabei auch im höheren Sinn geht.
Ich erlange die optimale Hilfe Gottes durch seine Naturgesetze, indem ich mich bemühe, Geist, Seele und Körper in **Einheit** zu bringen und nicht in Zwiespalt, – also **ganz** bei der Sache zu sein. Dieses konzentrierte Eins-sein erzeugt entsprechend die Energie, die ich brauche, um offen zu sein für die **richtige** Intuition. Das dahinter wirkende Prinzip ist im ganzen Kosmos dasselbe und deshalb ein Naturgesetz. Es liegt jedem Kreislauf zugrunde:
Konzentration erzeugt Energie, erzeugt Intuition, erzeugt Konzentration ... oder:
Arbeit ergibt Geld, ergibt Nahrung, ermöglicht Arbeit ...
Während des Trainings in der ersten Stunde lernen wir fast nebenbei, das Positive im Negativen zu erkennen und somit die **Kraft** der Gedanken. Deshalb wird uns täglich ein Sorgen- oder irgendein negativer Denkanstoß gegeben, den wir als negativ und destruktiv erkennen müssen. Achtung: **Das Negative kommt erst dann in uns zur Wirkung, wenn unsere Gedanken sich damit beschäftigen!** Dann bewirken negative Gedanken ebensolche Schwingungen, welche die sehr sensitive Funktion des Gehirns nachteilig beeinflussen.

Wie wir nun mit dieser Prüfung fertig werden, entscheidet, ob der Ablauf des Tages positiv oder negativ gefärbt sein wird. Durch das Ablehnen negativer Impulse in dieser deshalb so wichtigen ersten Stunde stellen wir eine Art Schutzwand auf, die uns vom Negativen abschirmt.
Wir sehen wieder: Unser Schicksal wird durch uns selbst bestimmt!
Während des gesamten Trainings in der ersten Stunde ist auch zu beachten, daß **das Bemühen das Wesentlichste** ist. Anfangs ist es nicht leicht, sich den täglichen Übungsrhythmus anzugewöhnen: Wir werden stets aufs neue getestet, ob wir etwas verschieben wollen, wenn z. B. die Konzentration an diesem Tag außergewöhnlich schwierig ist. Anstatt **einfach zu wiederholen, bis es geht**, zieht man oft eher vor, es auf den nächsten Tag zu verschieben. Später wissen wir aus erlittener Erfahrung, daß es am nächsten Tag noch weniger »geht«. **Das Bemühen um sofortiges Wiederholen ist hier der Schlüssel zum Erfolg.**

Allerdings mischen sich andauernd Gefühle als Prüfung ins Spiel: Übertriebener Ehrgeiz, bedingt durch Ungeduld mit anderen und uns selbst, macht uns verspannt und unzufrieden – ein großes Hindernis für effektives Konzentrationstraining! Also – etwas lockerer und gelassener – das wäre die Lösung zur Beruhigung der Gefühle.
Dieses **innere Loslassen** führt gleichsam im Kreislauf zum Gelassensein, zum Konzentrieren. Natürlich ist es schwer, sich zu konzentrieren, wenn man sich mit Sorgen und Grübeln belastet. In einem solchen Zustand ist man niemals leistungsfähig. Daher ist es so wichtig, die Probleme **täglich niederzuschreiben und diese dann vollkommen loszulassen.** Loslassen in diesem Sinn heißt, daß man sich, mittels Selbstdisziplin, nicht von ablenkenden Sorgen-Denkanstößen zu unrechter Zeit

einfangen läßt. Also mit Konzentration bei der Sache bleiben. Dann stellt sich die richtige Lösung des Problems wie von selber ein. Hier ein Vergleich: Wie ein Auto Kraftstoff braucht, um zu fahren, so **tanken wir Energie mittels Konzentration,** um die Lösung unserer Probleme durch die **richtige Intuition** zu er-fahren. Alles ist eine Frage von Energie.

Besondere Beachtung für alle Arten seelischer Verbesserung verdienen unsere Wünsche.

Arten der Wünsche

Der unentbehrlichste Anfangsimpuls der morgendlichen »Gebetsperiode« innerhalb der ersten Stunde, die Glück und Leid eines Tages bestimmt, ist **der Wunsch.** Der **richtige Wunsch ist das Tor zur Intuiton und macht 99% unserer geistig-seelischen Arbeit aus.** 99% deshalb, weil ohne echten Wunsch keine seelische Verbesserung möglich ist!
Dies zu verstehen ist immens wichtig, weil nur durch aufrichtige Wünsche seelische Fortschritte denkbar sind.

a) **Der Inhalt** des Wunsches sollte sich auf eine seelische Verbesserung richten: »Ich möchte endlich mutiger werden« oder »Ich möchte weniger stur, flexibler sein« usw.
b) **Die richtige Formulierung** spielt auch eine Rolle: Nicht: »Ich wünsche mir einen guten Freund«, sondern: »Wie kann ich mir einen guten Freund verdienen«? Von großer Bedeutung ist es, daß jedem angemessen formuliertem Wunsch entsprechende Prüfungen folgen. Wenn wir uns mehr Mut wünschen auf dem jeweiligen Gebiet, werden wir an diesem Tag mehrmals geprüft, ob wir es ernst damit meinen.

Mancher, dem es zuviel wird, seufzt vielleicht: »Oh, hätte ich mir doch das nicht gewünscht!« Aber es muß sein – eine Verbesserung kann sich ja nur durch gesteigerte Übungen einstellen. Ein Konzertpianist, der ein Stück excellent vortragen möchte, muß auch viel üben, bis er sicher ist – und dieses Gefühl brauchen wir auch.

»Ohne Fleiß kein Preis.« Letztlich kommt jede Art der Verbesserung nur mit einem Schuß aufrichtigem Fleiß zustande! Der **effektivste Ablauf** auf dem Weg zu optimaler Intuition, die als Stimme Gottes aufzufassen ist, sieht folgendermaßen aus: **Der richtige Wunsch** (auch vor allem, sich besser konzentrieren zu können) **führt zu erhöhter Konzentration,** und diese öffnet das **Tor zu optimaler Intuition** und damit zur Stimme Gottes, die darauf wartet, bei uns Gehör zu finden.
Was sind nun »unangebrachte« Wünsche? Nun, solche, die sich auf materielle Werte richten, und solche, die mit Macht und Geltungssucht verbunden sind. Die für unsere Existenz unerläßlichen materiellen Werte und auch die erforderliche Anerkennung als Mensch unter Menschen erhalte ich von selbst – nach dem richtigen Wünschen – zu meiner seelischen Verbesserung. Geldnöte sollen daher nicht den Wunsch nach Geld hervorrufen, sondern zielen auf die Ursache des Geldmangels: »Wie kann ich den psychischen Fehler ausfindig machen, der zu meinen materiellen Nöten führte?« oder **»Wie kann ich mich seelisch verbessern, damit die Finanzen wieder in Ordnung kommen?«**
Solche Fragen-Gebete führen uns zielsicher zu unseren eigenen Zeit-, Geld- und Energieverschwendungen.

Aber auch diese Erfahrung gehört zu den Naturgesetzen: **Falsche Wünsche können ebenso in Erfüllung gehen** – diese können uns jedoch nicht glücklich machen! Um nicht zum falschen Wunsch verführt zu werden, tun wir gut daran, uns der positiven Kraft anzuvertrauen mit den Worten: **»Ist es richtig?«** oder »Wenn es richtig ist«. Auf diese Weise vermeiden wir, daß unsere Wünsche einer anderen Person schaden könnten. Hierzu ein Beispiel: Ein junges Mädchen ist das erstemal verliebt. Aus diesem Gefühl heraus könnte sie sich wünschen, den jungen, adretten Mann ihrer Träume einfach zu heiraten, ohne für sich zu überlegen, ob er für sie überhaupt der Richtige wäre. Falls nein, würde sich das junge Mädchen ja selbst schaden, wenn dieser Wunsch in Erfüllung ginge. Unser Ego hat oft solche ichsüchtigen Wünsche, die uns selbst und damit auch anderen nicht zum Wohle gereichen. Daher ist die richtige Art der *Demut* – sich zu wünschen, daß unser Wunsch auch dem Willen Gottes entspreche – das *Allerwichtigste!* Täglich sollten wir den starken Wunsch haben, uns bei den Übungen der ersten Stunde immer besser konzentrieren zu können. **Jede der genannten kleinen Tätigkeiten entspricht einer Übung,** also:

Zähneputzen, Duschen, Abtrocknen, Frisieren, Rasieren oder Make-up, Ankleiden, Bett machen, Gymnastikübungen, Frühstück vorbereiten, Frühstück in Ruhe essen, Geschirr wegräumen, Abspülen von Frühstücksgeschirr ...

Es ist aus praktischer Erfahrung heraus anzuraten, nur mit einer konzentrativen Tätigkeit zu beginnen. Wenn diese nach ein paar Wochen gut gelingt, also ohne daß man an etwas anderes denkt, kann man eine zusätzliche Übung hinzunehmen. **Im Lauf der Monate und Jahre sollten immer mehr Tätigkeiten mit Konzentration geschafft werden.** Wir können dann gut beobachten, wie wir Zeit und Energie einsparen.

Wir haben also innerhalb dieser ersten Stunde zwei voneinander scharf getrennte Perioden kennengelernt:

A) Periode der höchsten **Anspannung: Konzentration**
B) Periode der **tiefgreifenden Entspannung: Empfang der** universellen Eingebungen, genannt **Intuition.**

Der Wechsel von Anspannung und Entspannung, den wir im körperlichen Bereich bei Gymnastik- oder Turnübungen und zwischen Arbeit und Freizeit so dringend benötigen, ist im geistigen Bereich ebenso unverzichtbar!
Die Periode der Anspannung durch Konzentration schafft die nötige Energie, um sich schließlich der höheren Eingebung – der Intuition – öffnen zu können. Alles hat mit Energie zu tun. Wie das Brennmaterial die Heizquelle für den Ofen darstellt, so ist die Konzentration die Quelle für das Wirken der geistigen Energie, die einer intensiveren Verbindung, eben durch verfeinerte Intuition, den Weg bereitet.

Andere Möglichkeiten der Konzentrationsübung

Natürlich bieten sich noch viele andere Gelegenheiten zum Trainieren an: Wie wäre es beim

1. *Kofferpacken?*
   Das geschieht ja nicht alle Tage. Wie sieht es bei Ihnen aus? Fliegen Ihnen einzelne Gegenstände »durch den Kopf«, die Sie nicht vergessen dürfen? Notieren Sie diese auf einem Zettel? Das wäre schon gut. Sonst wird nämlich oft das Selbstverständliche, wie Nachthemd oder Kamm,

vergessen. Die Konzentrationsübung der ersten Stunde läßt sich auch hierauf anwenden. Aber es bietet sich noch eine andere wirksame Methode an, mit der gleichzeitig zu testen wäre, wie gut Denkanstöße oder kleine Intuitionen schon empfangen werden.
Grundlage hierzu ist eine lockere und entspannte innere Haltung: Loslassen! Man stellt sich vor den Kleider- oder Wäscheschrank, zieht seine Aufmerksamkeit nach innen und wartet eine Weile, »was kommt«. Natürlich haben Sie den ersten Einwand »Keine Zeit für solche Spielchen« als fortgeschrittener Energie-Kenner schon überwunden und warten nun – als Übung in Geduld – gespannt auf den ersten Denkanstoß, der auch kommt.
Der große Vorteil dieser Methode ist, daß Sie völlig Außergewöhnliches für diese Reise – z. B. Bekleidung für eine unerwartete Wetteränderung – ganz sicher auffangen werden. Haben Sie noch kein Vertrauen zu solchen Einfällen und der Koffer ist wie gewohnt gepackt, vielleicht mit falschen und schnell greifbaren Sachen, überlegen Sie wenigstens jetzt noch – ganz frei von hastenden Gedanken – ein paar Sekunden, was Sie vergessen haben könnten und was Sie noch brauchen. **Auf Empfang eingestellt,** können Sie sicher sein, daß Sie mit dieser Methode weder ganz Gewöhnliches, wie die Zahnbürste, noch etwas Ungewöhnliches, wie beispielsweise eine bestimmte Kassette, vergessen werden.

2. *Nacherzählen einer kurzen Geschichte oder Anekdote*
Am besten eignen sich Anekdoten, weil wir uns darin einige Namen und Daten merken müssen, was natürlich als eine besonders gute Übung zu betrachten ist. Diese Übung läßt sich allein durchführen; wesentlich besser jedoch und amüsanter wird es zu zweien mit wechselnden

Rollen: Erst liest der eine vor, und der andere erzählt die Geschichte nach, dann umgekehrt. Dies ist eine angenehme Art, innere Sammlung und Konzentration zu üben, auch als Gesellschaftsspiel geeignet und *»fernsehalternativ«!*

3. *Konzentriertes Anhören eines Musikstückes*
Wie oft versuchen wir vergeblich in einem Konzert, uns ununterbrochen nur auf die Musik zu konzentrieren. Meistens schweifen unsere Gedanken ab, und wir denken oder grübeln über ein Problem nach. Im Theater oder in der Oper fällt das Konzentrieren leichter, weil die Handlung verfolgt werden muß oder die Darsteller uns durch ihre außergewöhnliche Kunst fesseln.
Zu Hause hören wir uns einmal probeweise ein bekanntes oder unbekanntes Musikstück an, einen Teil einer Symphonie oder einen Satz aus einer Kammermusik. Versuchen Sie, zehn, 15, maximal 20 Minuten voll und ganz bei der Musik zu bleiben, an nichts anderes zu denken. Jeder Gedankenblitz wird abgewehrt. Wie lange schaffen Sie es? Es können auch mehrere Personen an dem Experiment teilnehmen und einander dann erzählen, was sie abgelenkt hat. Viele Leute glauben, wenn sie Musik hören und sich alles mögliche dabei denken, hätten sie sich auf die Musik konzentriert. Das ist eine Illusion – denn Musik konzentriert zu hören heißt, die Tonfolgen der Musik voll zu registrieren, ohne unbedingt Fachmann zu sein, und mit keinem Gedanken abzuschweifen.
Übrigens hat klassische Musik eine andere Schwingung als z. B. Rockmusik, und jede Art Musik kann nach ihrer Qualität gut oder störend für eine Seele sein, je nach dem Entwicklungsstand der Seele, der sich ebenfalls durch eine bestimmte Schwingung ausdrückt. Beide sollten harmo-

nieren. Klassische Musik und Evergreens, die sich über Jahrzehnte und Jahrhunderte erhalten, fördern ihrer höheren Schwingung wegen die positive Entwicklung der Seele.

C. Konzentration als Schlüssel zu Freude und Erfolg

Ohne Konzentration ist der Mensch nicht Herr seiner selbst. **Die menschliche Seele kann richtige Entscheidungen nur im Zustand der Konzentration treffen.**
Unsere Konzentrationsfähigkeit ist jedoch noch sehr begrenzt. Die meisten Menschen glauben, daß sie sich – beispielsweise im Beruf – voll auf eine komplizierte Aufgabe konzentrieren können. Erst bei den einfachen Tätigkeiten wie Haarewaschen und Duschen merken wir, wie schwer es ist, seine Gedanken bei der Sache zu halten.

Konzentration kann und darf tatsächlich als eine Art **Seelenhygiene** verstanden werden. Sie wirkt reinigend und aufbauend; aber **vor allem ist Konzentration die höchste Form des Gebets.** Gott ist dauernde Konzentration, und durch tägliche disziplinierte Übung oder auch nur das Bemühen, bewußter durch die erste Stunde und daher auch durch den Tag zu gehen, sind wir mit Gott in engerer Verbindung. Die Konzentration wird zur Brücke der geistigen Verbindung mit Gott und seinen Gesetzmäßigkeiten.
Wenn man nun das »Bewußter-durch-den-Tag-Gehen« mit einer Telefonverbindung mit Gott vergleicht, so **ist die Bemühung und Übung während der ersten Stunde die »Vorwahl«, die wir für Ferngespräche brauchen.**
Auch als Zündung läßt sich Konzentration ansehen, ohne die sich kein Motor in Bewegung setzt. So wird der gesamte Tag in die richtigen Bahnen geleitet.

Alle unsere seelischen Eigenschaften werden dauernd durch konzentrierteres Verhalten verbessert; davon profitiert auch

unsere Umwelt und schließlich alles, was in uns und um uns geschieht.
Wir können unser Schicksal durchaus selbst bestimmen und stellen uns an das Steuer unseres Lebensschiffes, sobald wir uns konzentrieren. Dadurch verändern wir auch die Vorstellung, wir würden in erster Linie durch unsere Umwelt geprägt. Nun beginnen wir selbst unsere Umwelt mitzugestalten.
Einige wesentliche Punkte mögen das noch eingehender verdeutlichen:

1. **Bewußter werden heißt, eine höhere Bewußtseinsstufe zu erlangen.** Die Schwingungen unserer Seele werden zusehends verfeinert, und es gelingt uns leichter, Fehlern und falschen Entscheidungen zu widerstehen. Unsere Erkenntnisfähigkeit nimmt zu: Wir nehmen erstaunt wahr, daß Konzentration zugleich Ursache und Wirkung ist (siehe Seite 108).
   Konzentriert erreichen wir die angestrebten positiven Ziele überraschend mühelos. Auf der anderen Seite konzentriere ich mich leichter und besser, sobald ich meine seelische Leistung zu verbessern beginne.

   Ich werde mir meiner selbst und meiner Umwelt bewußter, **durchschaue mehr vom »Schauspiel« meiner Innen- und Außenwelt.**
   Gerade weil ich mich während der ersten Morgenstunde überwinde, relativ uninteressante Tätigkeiten mit dem vollen Wachbewußtsein zu erleben, wird mir durch versuchte Ablenkungen der Schlüssel zu der Erkenntnis überreicht, daß mir gewisse Schwächen oder auch Stärken anhaften, von deren Existenz ich bisher nichts ahnte!

2. **Konzentration sammelt die höchste Form der Energie in mir und wird daher für mich die beste Energiequelle.** Der Zustand der **Konzentration wirkt deshalb wie ein Generator,** der Energie vermehrt. Wenn es an einem Tag gelungen ist, konzentrierter zu arbeiten, sich nicht durch Grübeln, Sorgen, Schuldgefühle oder andere negative »Ablenkungsmanöver« stören zu lassen, empfindet man abends das wohlige Gefühl, **sich selbst gelebt zu haben.**
Keine Selbstzweifel nagen an uns mit lähmender Schlappheit und Müdigkeit, ausgelöst durch lauter kleine überflüssige Zeitverschwendungen wie Sorgen, Schuldgefühle oder andere Grübeleien, sondern die ehrliche, tiefempfundene Freude, sinnvoll zu leben, in Harmonie mit der Natur und ihrem Gesetz zu sein, also ganz im Hier und Jetzt. Das wirkt weiter auf die **Qualität unseres Schlafs;** denn die **Regenerationsenergie,** die während der Nacht angezogen wird, um alle unsere Organe, jede kleine und doch so wichtige Zelle zu regenerieren, hängt von unserem mehr oder weniger bewußten Verhalten während des Tages ab.

Nun wissen wir, warum manche Menschen früh altern und andere lange jung bleiben: Alles ist Energie, auch unsere Seele, die durch konzentriertes Verhalten aufgeladen werden kann. Wer seine Seele durch sein Bewußtsein unterstützt, macht sie zum Generator, der für sie und ihre Umwelt Energie schöpft. **Dieses Schöpfen von Energie ist das Geheimnis der Ausstrahlung,** die sich jeder positive Mensch selbst erarbeiten kann.

3. **Konzentriertes und bewußtes Verhalten ist die beste Vorbeugung gegen Krankheit:**
Durch das **Schöpfen von Energie können Krankheiten vermieden werden.** Denn sie entstehen vor allem durch

einen plötzlichen übergroßen Entzug von Energie oder durch lang anhaltenden Verlust kleinerer Energiemengen. Vor allem wird es uns durch die zusätzliche Energie möglich gemacht, alle »Frühwarnsignale« des Körpers schnell zu erkennen. Man wird sensitiver im positiven Sinn. Täglich wird die Intuition auch auf diesem Gebiet präziser. Durch Konzentration, also Zufuhr von Energie, festigt sich das **Immunsystem**, das gegen die Krankheitserreger einen Schutzwall errichtet, und macht so auch den Stoffwechsel wirksamer.

Also 100% **aller** Unfälle sind auf mangelnde Konzentration zurückzuführen. Auch wenn ein Autofahrer beispielsweise eine rote Ampel übersieht, führt dies nur dann zu einer Gefährdung anderer Verkehrsteilnehmer, sofern auch diese im gleichen Augenblick ungenügend konzentriert sind.
Im Zustand der Konzentration sind wir immer unter Schutz! Es kann nichts Negatives auf uns einwirken. Dazu gibt es ein wahres, wunderbares Beispiel: Eine liebe Freundin, die täglich umweltschonend mit dem Fahrrad zur Arbeit fährt, hatte folgendes Erlebnis: Sie selbst fährt vorschriftsmäßig rechts, doch plötzlich kommt ihr ein Motorradfahrer entgegen, der nur auf dem Hinterrad fährt und das vordere Rad in der Luft »baumeln läßt«. Meine Freundin sah ihn auf sich zukommen und konnte in diesen wenigen Sekunden nur zu sich sagen: »O Gott – Konzentration!« Plötzlich, knapp vor ihr, schwenkte der Motorradfahrer in einem Bogen um sie herum und fuhr dann hinter ihr in ein Auto. Sie selbst hatte durch dieses »Wunder« das herrliche Gefühl der Sicherheit, Gewißheit und Dankbarkeit, daß das Naturgesetz – **Konzentration ist bestmöglicher Schutz** – funktioniert.

Durch unkonzentriertes Verhalten machen wir **mehr Fehler;** sie führen nach einiger Zeit zu Gesundheitsschäden oder Krankheiten (Kapitel »Charaktereigenschaften« auf Seite 33).

Durch **bewußtes** und **natürliches Essen** von gesunden Nahrungsmitteln wird der Organismus aufgebaut und zeigt weniger Verschleißerscheinungen. Bei voll konzentrierter Nahrungsaufnahme können wir die Nahrung zehnmal so gut auswerten. Wir ersparen uns viel Pein, wenn wir uns beim Essen auf die Nahrung konzentrieren. Und was essen wir? Das entscheidet sich auch beim Konzentrieren in der ersten Tagesstunde: Wer es übt, hat keinen Appetit mehr auf Speisen, die durch ihre Disharmonie der Seele Energie entziehen. (Siehe Buch »Vital und jung bleiben«)

4. **Das Nervensystem – speziell die Funktion des Gehirns – wird durch konzentriertes Handeln verbessert und aktiviert.**
   Das Nervensystem und vor allem das Gehirn sind die wichtigsten Bindeglieder zwischen Seele und Körper; sie müssen reibungslos funktionieren, insbesondere das Gehirn als Schalt- und Steuerzentrale für den gesamten psychosomatischen Ablauf.
   Durch konzentriertes Verhalten können wir ruhiger und gelassener unseren täglichen Aufgaben nachgehen und beugen auf diese Weise sogenanntem »Streß« vor.
   Das aufmerksamere Leben erleichtert es uns, zu entdecken, wann immer wir wieder in negativen Gefühlen wie Sorgen oder Schuldgefühlen verharren. Gleich nachdem man sich in einer solchen Situation erkannt hat, sich auf das Hier und Jetzt – also die momentan anstehende Tätigkeit – konzentrieren!

Die stetige Zufuhr von Energie durch Konzentration ist für das Gehirn die wichtigste »Kost«. Bei optimaler Gehirnfunktion würden wir fast keine Fehler mehr machen – also unschwer zu erkennen, wie speziell für das Gehirn die Konzentration Entscheidungsträger ist.
Das gesamte Nervensystem ist von elementarer Bedeutung für das Empfinden und Fühlen wesentlicher Impulsenergien, die direkt von Gott kommen – jedoch nur im konzentrierten Zustand, mit der sich bedingenden Wechselwirkung: **Je besser mein Nervensystem, desto besser meine Konzentration, und umgekehrt.**

5. **Durch tägliches Üben der Konzentration** und als Folge des Bewußterwerdens aller Vorgänge in mir **fällt mir das Verbessern meiner Charaktereigenschaften leichter.** Noch vorhandene Schwächen werden mir bewußt, und der tägliche Anstieg der Energiezufuhr erleichtert die Bearbeitung dieser Schwächen. Alle hier beschriebenen 17 Punkte dienen dem **Hauptziel unseres Lebens: der Verbesserung und schließlich Vervollkommnung unserer Seele.**

6. **Selbstdisziplin** brauchen wir nicht nur, um täglich Konzentration zu üben, sondern auch für andere Verhaltensweisen. Dieses wertvolle Talent erfährt wie die anderen Förderung durch Konzentration im täglichen Training – auch sonntags, denn warum sollten wir gerade am »Tag des Herrn« nicht mit ihm in Verbindung treten? Konzentration bringt nicht Unruhe, sondern innere Ruhe.

Über das Verbessern der Selbstdisziplin erhalten wir eine Stärkung der Charaktereigenschaft Mut, die bei so vielen Menschen nicht genug entwickelt ist. Wir bedürfen des

disziplinierten Mutes, um »nein« zu sagen, wenn »nein« richtig ist, und »ja«, wenn »ja« angesagt ist.
Wir könnten Konzentration auch die höchste Form von **Selbstdisziplin** nennen. Da sie das kosmische Ordnungsprinzip einschließt, führt diese Eigenschaft schließlich zu

7. **Mehr Selbstwertgefühl und gesteigerter Selbstsicherheit.** Mein Selbst wird wertvoller und daher sicherer, wenn ich es deutlicher wahrnehme. Diese Selbstsicherheit führt zu **mehr Autonomie**, das heißt: **Ich allein bestimme**, was richtig ist für mich, nicht, was andere Menschen für mich als richtig empfinden! »Was werden die anderen denken?« ist hoffentlich in Ihrem Vokabular getilgt! **»Ich** bin meines Glückes Schmied«, meint auch Unabhängigkeit und Selbständigkeit gegenüber den Meinungen anderer, und sei es die eigene Familie. Ich höre mir zwar die Meinung der anderen an und erwäge sie – **entscheide dann aber selbst,** was für mich in Frage kommt.

Selbstsicherheit bringt mir die Energie, um Entscheidungen zu treffen, unterstützt durch die tägliche Hilfe der Konzentrationsübung. So bildet sich ein **positiver Kreis:** Konzentration bringt Selbstdisziplin – bringt Selbstsicherheit – bringt richtige Entscheidungen – bringt mehr Selbstdisziplin und erleichtert dadurch wieder die Konzentrationsfähigkeit.

8. **Größere Fähigkeit zur Konzentration führt** zu bewußtem Handeln und **zur Selbstlosigkeit im positiven Sinn.** Beispielsweise, wenn ich in einem Hotel wohne und nach der Oper später ins Zimmer zurückkehre, bin ich durch bewußteres Verhalten ganz automatisch sehr bemüht, die Tür möglichst leise zu schließen. Auch bei Tisch reiche ich

Zutaten weiter, ohne dazu aufgefordert worden zu sein. Habe ich nicht früher alles gedankenlos auf die falsche Seite gestellt? Am Schilift achte ich in der Reihe neuerdings auf meine Schistöcke. Schienen sie nicht früher erst vorhanden, wenn ich jemandem damit »in die Quere« kam? Oder ein anderes Beispiel: Tief ins Gespräch versunken einem Besucherstrom den Durchgang zu versperren passiert mir auch nur noch ganz selten. Ich fange an, mich wahrzunehmen, wie ich **wirke**, seit ich mich auf eine Sache **wirklich** konzentriere. Solange ich noch versuche, mehrere Dinge gleichzeitig zu machen, habe ich keinen freien Blick für deren Wirkung und Folgen, und ich würde meistens erst von anderen darauf gestoßen werden.

9. **Von allen Methoden, die Intelligenz zu verbessern, ist die Konzentration die bei weitem wirksamste** (Kapitel »Die Intelligenz« auf Seite 22). Das ist leicht zu durchschauen: Das Konzentrieren in der ersten Stunde lädt uns auf mit zusätzlicher Energie aus dem »Naturhaushalt«, die wir uns dadurch erarbeiten. Diese zusätzliche Energie zieht **mehr Denkanstöße oder Ideen** in unsere Nähe, die unser Bewußtsein aufnimmt und verarbeitet. Bekommen wir eine entscheidende Idee oder einen Einfall zu einem Problem als Denkanstoß, notieren wir diese am besten gleich. Falls man es, aus welchem Grund auch immer, unterläßt – Bequemlichkeit kennt die triftigsten Gründe –, muß man mit der Konsequenz rechnen, den Denkanstoß nicht wieder zu erhalten oder erst nach längerer Zeit, dann allerdings nur mit zusätzlichen Anstrengungen.

Das bessere Erkennen und Verarbeiten der Zusammenhänge in Geschehnissen, die uns selbst und unsere Umwelt betreffen, steigert unsere Intelligenz. Das »Warum«

hinter allem wird uns schneller klar und damit das ganze Dasein sinnvoller und interessanter. Wir können dies auf vielerlei Art wahrnehmen: Beim Hören der Nachrichten erhellen wir den Hintergrund, indem wir uns fragen, **warum** dieses oder jenes geschehen ist. Beispielsweise zeigen wiederholte Massenkarambolagen auf den Autobahnen die Verletzung eines Naturgesetzes an: Geschwindigkeiten von über 130 Stundenkilometern überfordern die Konzentrationsfähigkeit eines Autofahrers und stören das Nervensystem.

Stelle ich die Frage nach dem Hintergrund, dann erhalte ich die Antwort in Form von **Intuition durch meine Konzentration,** und das steigert wiederum die Intelligenz. Denn eine Intelligenz, und wäre sie noch so ausgeprägt, die nur auf **einer** Ebene, nämlich der des rationalen Verstandes, funktioniert, führt unweigerlich in die Irre, wenn nicht die ursprünglichste aller Wissensquellen, die **Intuition,** mit ihr verbunden ist und die Vorgänge **ganzheitlich** erfassen läßt. (Siehe Graphik »Geist und Verstand« auf Seite 94)

Bei Krankheiten denke ich nicht mehr an Zufälle oder Ansteckungen, sondern frage: »Was hat diese Störung **mir** zu sagen?« Was ist die Ursache? Wie beseitige ich sie? Ich kann nur dann meine Intelligenz erhöhen, wenn ich die Lernprozesse, die durch Krankheiten und andere Probleme ausgelöst werden, innerlich und äußerlich bejahe, **die Ursache bei mir selbst suche** und das vermeintliche Übel als Hilfe Gottes ansehe.

10. **Auch unsere Talente** lassen sich mit der Methode der Konzentration verbessern. Künstlern, Technikern, Hand-

werkern, Forschern würde nichts gelingen, wenn sie sich nicht bei Ausübung ihrer Talente in die Dreiheit von Geist, Seele und Körper begäben. Das Geheimnis des Genies liegt in dieser Fähigkeit, sich konzentriert mit der kosmischen Quelle zu verbinden. Kann man sich einen Dirigenten, Schauspieler, einen Komponisten wie Beethoven vorstellen, der nicht voll auf seine Eingebung, sprich Intuition, konzentriert wäre? Thomas Edison, der Erfinder der Glühbirne und vieler anderer technischer Einrichtungen, meinte: »Genie bedeutet 99% Transpiration und 1% Inspiration« – sicherlich etwas übertrieben. Aber mit »Transpiration« meint er eben all das, was der Mensch an Mut, Fleiß, Talent, Überwindung, Hingabe, Disziplin durch Konzentration in sich zu mobilisieren fähig ist.

Unser Tag besteht aus zahlreichen Prüfungen. Wollen wir unseren Weg »bequem« gehen, werden wir unmißverständlich mit der Nase darauf gestoßen, daß dies nur einem Aufschieben unserer Aufgaben gleichkäme. **Den bequemen Weg zu suchen bedeutet auf Dauer gesehen, den problematischen und schwierigen zu begehen.** Wir erreichen alles leichter, was wir durch mißverstandene Bequemlichkeit anzustreben versuchen, durch Konzentration auf wirksamere Weise.

Die Anwendung von Fleiß und Selbstdisziplin bringt immer zusätzliche Energie in unser Leben und ist ohne Konzentration nicht effizient. Selbstdisziplin sollte jedoch nicht mit Unflexibilität verwechselt werden. Im Gegenteil – Selbstdisziplin schließt Perioden der Entspannung, des Urlaubs, der Regeneration und der Aufladung durch seelisch-geistige Freundschaften, sprich Freude, ein. Zur Selbstdisziplin gehört auch, das Beantworten von Briefen nicht lange hinauszuschieben, Telefonate gegebenenfalls zu erwidern und bei Zusammenarbeit mit einem Partner mindestens 50% der Gesamttätigkeit zu übernehmen. Auch stellt es häufig eine Versuchung für Ältere dar, sich im Zusammensein mit jüngeren Freunden bedienen zu lassen.

Tägliche Prüfungen in Fleiß und Selbstdisziplin bestehen darin, früh zu Bett zu gehen, morgens zügig aufzustehen (sich nicht herumzuwälzen), und vor allem im Gesamtbereich der Ernährung warten beinahe täglich Versuchungen auf unser Versagen. So stellt sich uns regelmäßig die Frage: Verschieben wir etwas für heute Geplantes auf den nächsten Tag oder nicht? Die kleinen Prüfungen in Fleiß verursachen ebenfalls Energiegewinne beziehungsweise -verluste – wie die großen. Zur Veranschaulichung ein Beispiel: Bei der Vorbereitung von Apfelkompott fällt der Verantwortlichen ein, daß noch Falläpfel im Keller liegen. Nimmt sie jetzt die frisch gekauften Äpfel, die gleich bei der Hand in der Küche liegen, oder holt sie die anderen aus dem Keller? Und was kostet jeden im Haus die größte Überwindung und wird dadurch zum stärksten Prüfstein der Selbstdisziplin? Das schmutzige Geschirr in der Spüle! Daran kann jeder sich üben und sich selbst wie den anderen beweisen, woraus er seine Energiereserven bezieht und so sein Stimmungsbarometer anhebt. So wird der Haushalt zum Trainingscamp für Fortgeschrittene. Jeder weiß natürlich genau, wo seine Schwächen liegen, und ist sein eigener Trainer und des anderen Zuschauer in der gemeinsamen Persönlichkeitsentfaltung.

Die Seele, die sich der Vollkommenheit nähert, möchte möglichst viele Talente entfalten. Eine vollkommene Seele ist immer eine Art Universalgenie und bewährt sich auf beinah allen Gebieten. Wer eine große Talentlücke bei sich aufspürt, sei es in Organisation, Diplomatie, Pädagogik, Politik, Finanzen, Kunst oder Kultur allgemein, versucht am ehesten diese Lücke durch Studium dieses Gebietes zu schließen. Alles, was ich lerne, hält mich jung, denn es macht neue Energie verfügbar. Das Leben wird viel interessanter, und auch ich werde dadurch bewußter und intelligenter. Genaue Kenntnis in den Bereichen Politik, Wirtschaft und Weltgeschichte öffnet die Augen für das heutige Geschehen, auch in der Familie, wo im kleinen Rahmen nichts anderes geschieht als im großen auf der Bühne des Globus; denn Ereignisse und deren Ursachen stehen unter demselben Gesetz. Wir lernen bald, zwischen den Zeilen zu lesen und zu hören, werden toleranter und neutraler. Wer glaubt, weder von Politik noch von Finanzen oder Psychologie etwas zu verstehen, wird in der spielerischen Beschäftigung damit sein blockierendes Vorurteil aufgeben und mit Freude die Ausdehnung seiner Vorstellungswelt genießen, die auch ein gesundes Selbstwertgefühl wachsen läßt: Ich bin nicht nur eine, sondern ich fühle mich auch als Persönlichkeit.

11. **Kreativität ist das Geschenk** für gelungene Konzentration, mit dem alle bekannten Genies begnadet sind. Diese Gnade kann sich jede Seele nur im Lauf der Jahrhunderte ihrer Existenz erarbeiten. Durch das konzentrierte Arbeiten und auch durch sonstiges gutes seelisches Verhalten kann jeder das hohe Ziel der Genialität im Lauf der Zeiten erreichen.
Kreativität heißt die Fähigkeit, Denkanstöße aus dem Universum, in dem Gott und seine Prinzipien wirken, nicht nur zu empfangen, sondern auch auswerten zu können,

wie schon Thomas Edison uns nahebrachte: durch Fleiß und Selbstdisziplin. Um die Kreativität noch zu steigern – außer bei den täglichen Konzentrationsübungen –, versuchen viele meiner Seminarteilnehmer und Gesprächspartner im alltäglichen Leben immer mehr der mindestens 120 Denkanstöße, die wir im Verlauf eines Tages erhalten (siehe Kapitel »Denkanstöße« auf Seite 88), wahrzunehmen und aktiv in die Tat umzusetzen.
Genialität äußert sich in Kreativität und der durch Intuition aktivierten Intelligenz.
Letzten Endes entdecken wir, daß jede Art der Verbesserung allein auf unser Bemühen zurückzuführen ist, also nicht auf eine »Laune des Schicksals« oder ein »Geschenk Gottes«, das sehnend herbeizubeten wäre, sondern sie ist **Ergebnis meines Tuns in diesem Augenblick.** Wird dieser Fortschritt richtig verstanden und eingesetzt – dann erhält man Energiezufluß, der wie ein Geschenk erscheint.

12. **Bessere Intuition und klarere Gefühle sollten wir innerhalb des allgemeinen Bereichs der seelischen Verbesserung als das höchste und wichtigste Ziel ansehen!** Die Intuition, die Vorstufe der »Stimme Gottes« (Graphik »Geist und Verstand« auf Seite 94), stellt den besten und eigentlich einzigen Weg dar, der zu richtigen Entscheidungen im Leben führt. Oft wurde Intuition als der sechste Sinn bezeichnet; es handelt sich um ein inneres Wissen, das sich durch verstandesorientiertes Denken nicht erklären läßt. Oft können wir erst im nachhinein feststellen, warum wir so oder so gehandelt haben.
    Intuition läßt sich folglich niemals mit vordergründigen Argumenten erklären.

So hatte ich vor ein paar Tagen ein schönes Erlebnis mit einer Freundin. Ich war auf Vortragsreise in Stuttgart und wohnte bei ihr. Am Tag des Vortrags, der abends angesetzt war, wollten wir beide in ein Geschäft am anderen Ende der Stadt fahren, um einen seltenen Totalausverkauf echter Seidenartikel wahrzunehmen. Da wir Naturtextilien – speziell Seide – der besseren Hautatmung wegen sehr schätzen, wollten wir uns preiswerter mit den sonst ziemlich teuren Seidenartikeln eindecken.
Als wir an der S-Bahn eine Münze in den Automaten steckten, blieb sie hängen und kam trotz Klopfens nicht mehr zum Vorschein. Dann erfuhr meine Freundin am Kartenschalter, daß wir diese bestimmte S-Bahn-Karte erst ab neun Uhr ziehen dürften – und es war kurz nach halb neun. Nun dachten wir, dies sei der Grund fürs Steckenbleiben des Geldes. Als eine andere Frau dann am gleichen Automaten Karten löste, kam sogar unsere Münze wieder ans Licht. Also gut, schließlich lösten wir damit eine Karte nach neun Uhr – schon wieder blieb das Fünfmarkstück stecken! Da wurden wir allerdings nachdenklich, und nun verspürten wir beide intuitiv das Bedürfnis, den ganzen Plan aufzugeben! Normalerweise versuche ich mich am Tag eines Vortrags zu schonen und keine anstrengenden Einkaufstouren zu unternehmen. Auf dem Heimweg machten wir noch einen preisgünstigen, appetitlichen Spargel ausfindig. Das schien uns die Belohnung für das Einlenken in den höheren Plan zu sein.
Inneres Fragen in unser Zentrum verhilft uns zu einer sicheren Intuition; es sollte nie vergessen werden! Denn die Naturgesetze wollen eingehalten sein, und Gott steht immer zur Verfügung mit der Antwort, was dies und jenes bedeuten könnte oder welche von zwei Entscheidungen die optimale ist. Die Gefühle beachten und sich nach ihrer

Bedeutung fragen, das intensiviert noch unsere innere Stimme. Die Klarheit der Gefühle erreichen wir wiederum durch Konzentrationsübungen. Dies bringt verstärkte Gefühle, die dann auch zu einer sensibleren Intuition führen!

13. **Es ist vielleicht nicht gleich zu durchschauen: Intensivere Konzentration harmonisiert unsere zwischenmenschlichen Beziehungen.**
Mißverständnisse bauen sich erst gar nicht mehr auf, weil uns die täglichen Konzentrationsübungen von der ausschließlichen Bindung ans kleine »Ich« befreien, wodurch wir von selbst mehr auf die anderen, unsere Nächsten, achten. Wir öffnen unser inneres Ohr während der Erklärungen oder Erzählungen, denen wir lauschen. Unser Zuhören wird also auch konzentrierter. Wir gewöhnen uns daran, eine Darstellung oder einen Gefühlsausbruch erst einmal unvoreingenommen anzuhören und dann erst unser eigenes Gefühl, Wissen und Gewissen einzuschalten, um eine Antwort zu geben. Nur so bekommen wir rechtzeitig die passende Intuition, was wir sagen und tun sollten.
Die meisten Menschen machen den folgenschweren Fehler, schon während der Ausführungen des anderen das Räderwerk des eigenen Denkens abspulen zu lassen. Sofort fließt die eigene Meinung in die Gedanken, und so können die Argumente des anderen nicht mehr neutral aufgenommen werden. Dadurch kommen Mißverständnisse zustande. Wir können einen Menschen nur verstehen lernen ohne die Spaltung der im Kopf abrollenden Gegenargumente – auch hier also Konzentration, diesmal auf die Meinung des anderen, des Nächsten.
Dieses bewußtere Agieren im Einzelfall macht uns ins-

gesamt kooperativer und liebenswerter! Konzentriertes Verhalten kann sehr vielen Mißverständnissen zwischen Menschen vorbeugen.

14. **Daß Konzentration die höchste Zufuhr an Energie ermöglicht, ist vor allem darauf gegründet, daß wir durch konzentriertes Leben und Arbeiten weniger Fehler machen und dadurch Zeit und Geld sparen,** was vielen geheimen Ängsten den Boden entzieht.

Zeit = Geld = Energie. Diese Dreierkombination sollten wir dabei immer im Auge behalten. In folgendem Beispiel wird dies veranschaulicht: Wenn wir mit dem Auto unkonzentriert fahren, also z. B. Radio oder Kassetten hören, kann es zu einem Unfall kommen, wenn der andere, entgegenkommende Fahrer in der gleichen Weise abgelenkt ist. Ein Unfall kann auch zu ernsthaften Verletzungen führen und kostet auf jeden Fall Zeit und Geld.

Konzentration hat vor allem mit Mühe, Überwindung und Ausdauer zu tun, Fleiß genannt. Diese Anstrengung wird belohnt, indem wir mehr Zeit und mehr Geld zur Verfügung haben, folglich mit vermehrter Energie zu wirtschaften imstande sind.

Die beste **Tageszeit für die höchste Konzentration liegt zwischen sechs und zehn Uhr morgens.** Wir sind gut beraten, wenn wir uns besonders schwierige Tätigkeiten, wie Briefe, Computerprogramme, Modelle, Artikel oder Bücher zu entwerfen, für diese Stunden vornehmen. Sobald wir uns darum bemühen, wissen wir uns in Einheit mit den Naturgesetzen.

Sparen wir Energie im Betrieb, im Haushalt, beim Autofahren, so erhalten wir zusätzliche Energie, evtl. auch in Form von Geld. Oft ist der Zusammenhang nicht gleich erkennbar – aber irgendein Segen »fällt« uns dann »zu« (sogenannter »Zufall«), so daß konzentriertes Verhalten Geldnöte und andere Ängste ausschließt.

Selbstverständlich sparen wir durch intensiveres wirtschaftliches Arbeiten Zeit und können dafür andere wesentliche Dinge unternehmen, vielleicht eine Forschungsreise oder eine Fortbildung, die nochmals mit zusätzlicher Energie belohnt wird.
Da angestrengte Konzentration auch eine verfeinerte Intuition bringt, kann ein aufmerksamer Geist durch intuitiv »richtige« Geldanlagen adäquate Belohnungen in finanzieller Hinsicht erhalten.
Ich höre oft die Frage: Was steckt dahinter, wenn beim Essen ein Glas umgestoßen wird oder Teile der Speise auf der Kleidung landen? Wer mit dem Gelesenen schon arbeitet, weiß, daß dies auf einen Mangel an Konzentration zurückzuführen ist, also eine Aufspaltung der Aufmerksamkeit zwischen Nahrungsaufnahme und Gesprächsstoff und womöglich noch Tagträumerei.
Wenn wir es schaffen, uns allein aufs Essen zu konzentrieren, wertet der Organismus die Nahrung zehnmal besser aus. In einer Runde von lieben Freunden ist das natürlich nicht leicht – da müssen wir ein wenig jonglieren –, aber wenn wir allein oder im täglich gewohnten Kreis essen, wäre das Training schon möglich – es macht sogar Spaß. Der gesamte Stoffwechsel wie auch die Gemütslage profitieren von einem gewissen Maß an Disziplin; natürlich darf sie nicht verordnet werden, jeder muß dies für sich beschließen.

15. **Letztlich erlangen wir durch Disziplin und Konzentration den Überschuß an Energie, der sich in Freude äußert.** Das täglich leichter werdende Training des Konzentrierens löst automatisch Befriedigung aus, die den ganzen Tag über eine fröhliche Grundstimmung schafft.
Das Leben soll Freude sein! Die anfangs schwierigen Lernprozesse werden wir mit der Zeit nicht mehr als lästig empfinden – es stellt sich sogar mit den ersten Erfolgen ein Gefühl der Dankbarkeit ein, das mir hilft, Trägheit und Unlust in positive Empfindungen zu verwandeln. **Freude stellt eine Energieart dar** und kann vor allem verstärkt werden durch die energieerzeugende Fähigkeit, sich zu konzentrieren. Das sogenannte Glück ist kein Zufall, sondern von uns selbst veranlaßt. Das von mir gern erwähnte, weil jeden Autofahrer fast täglich beschäftigende Finden eines Parkplatzes ist aus dieser Kenntnis heraus kein »Glück« mehr, sondern verdient. Die energetischen Kräfte, die ich mir aufgrund der Naturgesetze erarbeitet habe, treten nun durch verschiedene Hilfen in Erscheinung. So erhielt eine Mitarbeiterin einmal eine teure Opernkarte geschenkt, als nach langem Anstehen an der Abendkasse keine Karte mehr zu haben war. Warum gerade sie? Ich kannte ihr tägliches Bemühen um Selbstdisziplin auf vielen Gebieten und ihr intensives Üben, sich zu konzentrieren. Unter den mindestens 20 Leuten in der Schlange wurde gerade sie ausgewählt, was nicht rein zufällig geschah. Einen solchen »Glücksfall« bezeichnen wir nicht länger als »Glück« oder »Zufall«, sobald wir die Naturgesetze verstehen.

16. **Infolge des bewußteren und intensiveren Erlebens durch das Konzentrieren verbessert sich mit der Zeit die Qualität unserer Ausstrahlung.**

Durch diese Ausstrahlung, die eine wertvolle Energiebündelung darstellt, wird es meinen Nächsten möglich, mich eher zu lieben. Wir haben durch mehr Energie vermehrte Liebesfähigkeit erworben. Liebe kann man nicht erkaufen, sondern nur verdienen: Sie ist eine Belohnung für gelungene seelische Leistung – und zugleich ein Geschenk!

17. Die schönste und wertvollste aller **Belohnungen für das tägliche Bemühen um Konzentration ist ebendiese seelisch-geistige Liebe.**

Die geistig-seelische Liebe ist das schönste Geschenk für die Menschen und ist unabhängig von Alter und Geschlecht. Für die meisten Menschen ist diese reine Liebe allerdings nur ein Wunschtraum, da eine »Beimischung« von körperlicher Anziehung, Furcht vor dem Alleinsein und Abhängigkeiten aller Art so eine geistige Liebe gar nicht erst entstehen lassen.
Das herausragendste Gefühl in einer geistig-seelischen Liebesbeziehung ist das beiderseitige Entdecken, daß die Persönlichkeitsentfaltung durch diese Beziehung positiv unterstützt wird.
Dazu ist wieder die wichtige Komponente der **Freiheit** unerläßlich, d. h., dem liebenden Freund niemals die Freiheit einschränken, indem man **seinen** eigenen Willen dem des Freundes aufzwingen will! Der **freie Wille** muß wirklich **frei** bleiben – auch eventuell »frei«, Fehler zu machen (= Lernprozesse) oder zeitweise eigene Wege zu gehen.
Durch eine echte Freundschaft ist man wacher und bewußter – sich zu konzentrieren fällt einem dann leichter –, es passieren weniger Fehler, man ist liebevoller, zeigt eine höhere Intelligenz und erreicht dann vor allem eine

präzisere Intuition. Alle positiven Gefühle intensivieren sich, und das Leben gewinnt dadurch an Schönheit.
Auch hier kann man eine erstaunliche Wechselwirkung zwischen Freundschaft und Konzentrationsfähigkeit feststellen.
Allgemein ist immer **der unser bester Freund, der in uns das Beste zur Entfaltung bringt!**

Nachwort: Die Seele als Macht

Jeder Anfang unserer Bemühungen wird durch den **aufrichtigen Wunsch** eingeleitet.
Der tägliche Wunsch vor Beginn jeder Handlung, hier unserer Konzentrationsübungen, bringt 99% unserer Antriebskräfte in Schwung. **Das hohe Ziel der Unabhängigkeit und Selbständigkeit,** *sein Schicksal selbst – also im Bund mit dem Kosmos = Ordnung = Naturgesetz – in der Hand zu haben,* ist nichts Unerreichbares. Unabhängigkeit und Selbständigkeit bedeuten: selbst zu **denken und nicht »gedacht zu werden«.**
Durch die Konzentrationsübungen lernen wir, unsere Denkprozesse selbst zu steuern. Eine so gereifte Persönlichkeit wird schließlich **weniger von der Umwelt beeinflußt** und ist nicht mehr von ihr abhängig. Wir alle können es erreichen, indem wir bewußt einen Schritt nach dem anderen tun und das langfristige Ziel unserer *seelischen Vollkommenheit* niemals aus dem Blickfeld verlieren.

Im Zustand der *Konzentration* können wir tatsächlich *keine Fehler* mehr machen!

Bessere Konzentration bedeutet vor allem, Gott näher zu kommen. Die potentiellen Fähigkeiten der menschlichen Seele sind unendlich! Nur können die meisten Menschen diese Kräfte nicht genügend zum Tragen bringen, weil der **»Schlüssel«** (Konzentration) zum **»Tempel«** (Seele) nicht so leicht zu finden ist.
Die vier **»Säulen«** dieses »seelischen Tempels«, die unsere Weiterentwicklung unterstützen, sind allen voran:

Konzentration – Freundschaft – richtiger Beruf – Gesundheit.

Letztlich, um den Kreis zum Vorwort über den freien Willen zu schließen: Konzentrierter, d. h. bewußter sein ermöglicht es uns, den Willen **wirklich frei** zu machen, und die durch Konzentration angewandte Energie gibt uns Kraft, diesen **freien Willen uneingeschränkt** einzusetzen. Dieser positive Kreislauf läßt uns erst zum **Schmied unseres eigenen Schicksals werden!**